"十三五"国家重点图书出版规划项目

中国汉画大图典

第二卷 舞乐百业

主　编　顾　森
副主编　沈　阳

西北大学出版社
·西安·

图书在版编目（CIP）数据

舞乐百业 / 顾森主编. —西安：西北大学出版社，2022.2

（中国汉画大图典）

ISBN 978-7-5604-4735-3

Ⅰ. ①舞… Ⅱ. ①顾… Ⅲ. ①画像石—中国—汉代—图集 ②画像砖—中国—汉代—图集 Ⅳ. ①K879.422

中国版本图书馆 CIP 数据核字（2021）第 078961 号

责任编辑　琚　婕
装帧设计　泽　海

中国汉画大图典
ZHONGGUO HANHUA DA TUDIAN
主　编　顾　森

舞乐百业
WUYUE BAIYE

主　编	顾　森
副主编	沈　阳
出版发行	西北大学出版社

（西北大学校内　邮编：710069　电话：029-88302621　88303593）

http://nwupress.nwu.edu.cn　E-mail: xdpress@nwu.edu.cn

经　销	全国新华书店	
印　装	北京雅昌艺术印刷有限公司	
开　本	787 毫米×1092 毫米　1/16	
印　张	28.75	
版　次	2022 年 2 月第 1 版	
印　次	2022 年 2 月第 1 次印刷	
字　数	232 千字	
书　号	ISBN 978-7-5604-4735-3	
定　价	370.00 元	

本版图书如有印装质量问题，请拨打电话 029-88302966 予以调换。

编者的话

一、图典的结构

《中国汉画大图典》本质上是一套字典,不过是以图为字,用图像来解读先秦及汉代的社会和文化。本图典共七卷,一至六卷是黑白的,第七卷(上下册)是彩色的,共收有约 13000 个图像单元。根据现有图像的实际情况,以"人物故事""舞乐百业""车马乘骑""仙人神祇""动物灵异""建筑藻饰"几大门类来梳理和归纳,以期体现本图典这种形象的百科全书的特性。图像之外,文字部分主要有总序、各册目录、门类述要、专题文章、参考文献、后记等。

二、读者对象

本图典具有雅俗共赏的特色。其图像形象,能够为幼儿及以上者所识读;其文化内涵,能够为中学文化程度及以上者所理解;其图像、内容及其延展,则于文化学者、学术研究者和艺术创作者均大有裨益。

三、图像的来源和质量

本图典的黑白图像主要来源于画像石、画像砖、铜镜、瓦当、肖形印等五类器物的拓片。这些图像主要来自原拓,也有相当数量的图像来自出版物,极少量的图像来自处理过的实物摄影。

画像石是直接镌刻于石面上的,由于种种原因,如石质、镌刻工具、镌刻技艺等的不同,即使来自同一粉本,也不会出现完全雷同的图像,所以不同石面的拓片都具有"唯一"的特色,区别仅在于传拓水平高低带来的拓片精粗之分。画像砖、铜镜、瓦当、肖形印这几类,均是翻模、压模后埏烧或浇铸而成,雷同之物甚多。故在画像砖、铜镜、瓦当、肖形印中,出土地不同或时间早晚不同而拓片图像雷同之现象颇为常见,区别也仅在于传拓水平的高低带来的拓片精粗之分。画像石、画像砖、铜镜、瓦当、肖形印的拓片图像质量除了上述区别外,其共同之处就是,经过岁月的淘洗,一来画面的完整与残缺不尽相同，二来留存的图像本身的信息多寡不尽相同。

本图典的彩绘图像指壁绘、帛绘、漆绘、器绘（石、陶、铜、木）等，主要来自实物拍摄和出版物。今天所见的这些彩绘图像均来自地下墓葬，是汉代人留下的画绘实物，也是我们今天能看到的汉代人的画绘原作。因是附着于各类物体的表面，在地下环境中经历了几千年，仅有极少量（如少量漆绘作品）还能保留原初形象，其余大量只能用"残留"二字来形容。其质量的评定与画像石相似。但色彩保存的程度和绘制技法的特色，是彩绘图像特别重要的质量标准。

四、图像的选用

赏心悦目的画面，总是为受众所喜爱。本图典选用图像的标准，毫无疑问是质量好、保存原有信息量多。在这一总的原则下，对以下几类图像做灵活处理。

1. 有学术价值者。即能说明某一社会内容或某一文化现象的稀有图像，因其稀缺，故质量不好也选用。

2. 有研究价值者。即保留了不同时期信息或不同内容信息的图像，即使重复，只要多一点信息也选用。

3. 有应用价值者。即于研究、创作有参考或启发作用的图像，即使有残缺或漫漶也选用。

4. 有重要说明作用者。例如同一图像出现在不同时期或不同地区，很好地印证了某一图像的分布时段或地域，这种图像无论好坏多寡均选用。

五、图像的识别原则

图像的识别主要有以下两个原则。

1. 择善从之。经中外历代学者的努力，汉画图像的识别已有相当的学术积淀。择善从之主要表现在两个方面：一是选择有依据者，即有汉代文字题记或三国以前的文献记载者；二是"从众"，即接受学术界认同的或业界共同认知的。

2. 抛砖引玉。即对某些尚有争议或尚需进一步证明的认知，编者依据自己的学术判断来选用。这主要集中在本图典一些图像的内容、名称的判断上和一些门类的设立上。抛砖引玉就是不藏拙、不避短，将自己不成熟、不完善的认知作为学术靶子让同仁批评，最后求得学术和事业的发展。这样做于己于众均是好事。中国汉画中有太多至今让人不得其义的图像，只有经过学术的有的放矢的争辩，才能使真理越辩越明，最后达到精准识别之目的。

六、关于《丹青笔墨》卷

《丹青笔墨》卷为本图典的特辑，即其编写体例独特，与前几卷不完全相同。其原因一是时间紧迫，来不及收集更多资料，只就手中现有资料进行编写，以应目前此类出版物稀缺之急。二是仅仅一卷两册的篇幅，远远不能反映出汉代画绘应有的面貌（至少要编成六卷，才基本可以达到一定的量，才能较好地分类）。三是该卷中许多图像来自出版物，质量差强人意，只能勉强用之。即使如此，该卷也是目前将汉代画绘材料解析得最清楚、最详尽者。当然，其中也有不少地方分类不清晰，定位不精准。这些不足体现了编者目前的认知水平，也多少反映了今天学术界、考古界认知的基本情况。更深的认识，有待于今后的学习，以及考古发掘和研究成果的出现。

毕善其事是我们的初衷，但鉴于时间、条件、能力等方面的限制，不能尽善，材料的遗漏不可避免，甚至"网漏吞舟之鱼"也并非不可能。这些遗憾，我们会在今后的修订版中弥补。即使如此，我们还是深信这套大图典的出版会给读者或使用者带来一些惊喜和满足。首部《英语大词典》的编撰者，18世纪英国诗人、作家塞缪尔·约翰逊有一句妙语："词典就像手表，最差的也比没有好，而最好的又不见得就解释对了。"对一个词典的编者来说，这句话不能再好地表达他的全部感触了。

序 言

一

　　汉画是中国两汉时期的艺术，其所涵盖的内容主要是两部分：画绘（壁绘、帛绘、漆绘、色油画、各种器绘等），画像砖、画像石、铜镜、瓦当等雕塑作品及其拓片。

　　汉画反映的是中国前期的历史，时间跨度从远古直至两汉，地域覆盖从华夏故土辐射到周边四夷、域外多国。两汉文化是佛教刚传入中国但还未全面影响中国以前的文化，即两汉文化是集中华固有文化之大成者。汉画内容庞杂，记录丰富，特别是其中那些描绘神话传说、历史故事、生产活动、仕宦家居、社风民俗等内容的画面，所涉形象繁多而生动，被今天许多学者视为一部形象的记录先秦文化和秦汉社会的百科全书。作为对中华固有文化的寻根，汉画研究是一种直捷的方式和可靠的形式。正因为如此，汉画不仅吸引了文物考古界、艺术界，也吸引了历史、哲学、宗教、民俗、民族、天文、冶金、建筑、酿造、纺织等学科和专业的注意。

　　汉画的艺术表现，是汉代社会的开拓性、进取心在艺术上的一种反映，是强盛的汉帝国丰富的文化财产的一部分。汉画艺术不是纤弱的艺术，正如鲁迅所说，是"深沉雄大"的；汉画的画面充满了力量感，充满了运动感。汉画艺术并非形式单一，而是手法多样，形态各异。汉画中的画像砖、画像石、铜镜、瓦当等，不仅有线雕、浮雕、透雕和圆雕作品，还有许多绘塑结合、绘刻结合的作品；汉画中的画绘如壁绘、帛绘、漆绘、陶绘等，不仅包含各种线的使用方法，还有以色为主、以墨为主，甚至用植物油调制颜料直接图绘的方法和例子。汉画不是拘泥于某一种表现样式的艺术，在汉画里，既有许多写实性强的作品，更有许多夸张变形、生动洗练的作品。汉画继承了前代艺术的传统，并使之发扬光大，以其成熟、丰富的形式影响后代。看汉画，可以从中看到中国艺术传统的来龙去脉。如画像砖、画像石、铜镜、瓦当等雕塑作品，从中既能看到原始人在石、骨、玉、陶、泥上雕镌塑作的影子，也能看到商周青铜器上那些纹饰块面的制作手段。汉以后一些盛极一时的雕塑形式中，许多地方就直接沿用了汉代画像砖、画像石、铜镜、瓦当中的技法。看汉画，也能使人精神振奋，让人产生一种对博大精深的中华文化的自豪感。若论什么是具有中国风貌和泱泱大国气派的美术作品，汉画可以给出确切的答复。事实上，在今天的美术创作和美术设计中，汉画中的形象、汉画的表现手法随处可见。

二

关于汉代美术的独特地位，唐代张彦远《历代名画记》明确说及："图画之妙，爰自秦汉，可得而记。降于魏晋，代不乏贤。"郑午昌《中国画学全史》对此做了进一步的说明："中国明确之画史，实始于汉。盖汉以前之历史，尚不免有一部分之传疑；入汉而关于图画之记录，翔实可征者较多云。"这些议论都是关于绘画的，特别是指画家而言。但仅这一点，即汉代有了以明确的画家身份出现在社会中的人，就喻示了汉代绘画已摆脱了绘器、绘物这种附属或工匠状态。当然，汉代美术的独特地位不仅仅是指绘画的"可得而记"，而应包括美术各个门类的"可得而记"。汉代以前，美术处于艺术特性与实用特性混交的状态，汉代结束了自原始社会以来的这种美术附属于工艺的混交状态，包括工艺美术自身在内的许多独立的艺术门类，如绘画、雕塑、书法、建筑以及书论等等，都以一种不同于别的美术品类的形式出现。而一种独立的美术品类的出现，必然内含了其特殊的创作规律和表现形式，以及相当数量的作品等。正因为如此，我们便可以在这个基础上对汉代美术进行逐门逐科的研究。汉代美术的独特性，也就被这些越来越深入的研究所证明。

汉代美术并不是一道闪电，仅在一瞬间照亮天地，光明就随之消失。刚好相反，汉代美术一直光被后世，影响深远。汉代是中国美术发展史上的一个重要环节，它不仅对原始社会以来的美术从观念到技法进行了一次清理和总结，而且在继承的基础上给予了发展。正如汉代在中国社会的发展史上是一个重要的转折时期，汉代在中国美术的发展史上也是一个重要的转折时期。就画绘而言，且不论已有的各种笔法，只就汉武帝创"秘阁"，开皇家收藏先例，汉明帝置尚方画工、立"鸿都学"为画院之滥觞，蔡邕"三美"（赞文、书法、画技）已具中国画"诗、书、画"三元素而论，就能使人强烈地感受到汉代美术开了一代新风。

三

汉代曾有一大批专业画家和仕人画家，绘制了大量作品，或藏于内宫，或显扬于世间。可惜的是，两汉四百余年皇家的收藏和专业画家的作品均毁于兵燹，至唐时，已如吉光片羽，极为罕见。今天我们看到的汉代画绘实物基本上出自墓葬，因此我们今天所说的汉画，不是一般意义上的艺术，而是陵墓艺术。由此可得出汉画有别于其他艺术的两大特点：一是反映丧葬观念，二是反映流行于世的思想。

汉代人的丧葬观念，简而言之就是建立在极乐升仙和魂归黄泉思想基础上的"鬼犹求食""事死如事生"的信念，即是说对待死人如对待活人一般，让死人在神仙世界或黄泉世界得到在人世间已得到或未得到的一切。汉代流行于世的思想主要有祖先崇拜、天人之际、阴阳五行、今文经学、谶纬之学、建功立业、忠义孝行等等。除了衣食住行之需外，流行思想也普遍地出现在汉代墓葬中。汉墓中能体现丧葬观念和流行思想的，即我们通常所说的祭祀和血食两大内容。祭祀和血食在帝王陵中体现为在陵上修建陵庙（放置有祭祀用品，壁间满绘祭祀内容的图画）和陵寝（备有一切生活用品和奴仆的楼阁），在有地位的贵族的墓冢中则以修造墓祠来体现。汉代的陵庙、陵寝和绝大多数墓祠为木构建筑，早已荡然无存，至今只有极少的石质墓祠保留下来。祭祀和血食这两大内容便可从这些实物中得到证明。如现存较完整的山东长清孝堂山郭巨石祠，祠中满布石刻浮雕，画像内容主要为神话传说、历史故事和生活场景，即祭祀和血食两大部分。从目前发现的画像石墓来看，墓主人的官秩没有超过二千石的，都是中等财力或中等财力以下者，估计是因社会地位不高或财力不足而不能立墓祠。但墓主人又深受当时社会墓葬习俗的影响，出于对祭祀内容与生活内容的迫切需要，只好在墓内有限的地方用简略而明确的方式来表达这一愿望，即将祠庙的图绘部分直接搬来，又将陵寝的实物部分搬来，并表现为图绘形式。从现在的汉画出土情况来看，这些东西不能看成汉代艺术的上乘之作，只能看作民间艺术，或者是来源于专业画家粉本的非专业画家的作品。因此，汉画中反映的内容和题材，有很大一部分是流行于民间的思想，不能尽用史书典籍去套。如青龙、白虎、朱雀、玄武本是守东、西、南、北四方的天神，它们的图像多被视为代表某一方位。但在汉画中，它们不一定表示方位。汉代吉语中所谓的"左龙右虎辟不羊（祥）""朱雀玄武顺阴阳"，可能才是图绘它们的真正含义。许多墓葬中青龙、白虎、朱雀、玄武的位置也说明了这一点。

四

　　从保存现状来看，汉画里雕刻类作品总体上比画绘类作品保留得完整，在数量上也大大超过了它们。因此在汉画的研究或使用中，总是以画像砖、画像石等为主。今天所说的汉画，在相当大的范围内指的是画像砖、画像石。

　　画像砖几乎遍及全国各地，其主要分布在陕西、河南、川渝地区（四川、重庆）。画像砖艺术是许多图样的源头，体现在陕西画像砖里；其发展中的重要转折，体现在河南画像砖中；而其集大成者，则体现在川渝画像砖上。中国古代的许多图样往往起于宫中，再流入民间，继而风行天下。陕西秦汉宫室和帝王陵墓中画像砖上的许多图样，也是两汉画像砖上许多图样的最早模式。河南画像砖中，以洛阳画像砖为代表的粗犷、豪爽风格和以新野画像砖为代表的精美、劲健风格，给人的艺术感受最为强烈。川渝画像砖以分布地域广、制作时间成系列、反映社会内容丰富、艺术手法生动多样为特色。

　　画像砖不因材质的不同而形成各地区的不同风格和特征，而是出现了由尺寸及形状不同而产生的不同的画面处理。这些画面处理为后代积累了许多艺术创作原理方面的经验和相应的技法。如秦、西汉大空心砖，一砖一图或一砖多图，或以多块印模反复印制同类图形后再组合成一个大的画面。河南南阳和川渝地区的方砖、条砖则因尺寸小而主要是一砖只表现一个主题或情节。在这些画像砖上，尤其是川渝地区的画像砖上，线雕与浮雕更精细，构思更巧妙，阴线、阳线、浅浮雕、中浮雕的运用和配合更熟练，更有变化。正如汉瓦当圆形内是成功的、饱满的构图一样，川渝地区在不同尺寸的方砖、条砖乃至砖棱上，都能巧妙地创作出主题明确而又生动的画面。在画面的多种构思上，川渝画像砖成就尤为突出。

画像石分布在山东、河南、四川、重庆、江苏、陕西、山西、安徽、湖北、浙江、云南、北京、天津、青海等十余个省市。其中以山东、河南南阳、川渝地区、陕西榆林（陕北）、江苏徐州五个区域密度最大，数量最多。

山东是升仙思想的发端地之一，多方士神仙家。山东又是儒家的大本营，先后出了孔子、孟子、伏生、郑玄等在儒学发展史上开宗立派、承上启下、集时代之大成者，还有以明经位至丞相的邹人韦贤、韦玄成父子。山东画像石多经史故事和习经内容，也多西王母等神仙灵异内容，正是汉时山东崇儒求仙之风的生动写照。山东画像石多使用质坚而细的青石，雕镌时以凝练而精细的手法进行多层镌刻，雕刻技法多样，高浮雕、中浮雕、浅浮雕、透雕都能应用得恰到好处。山东画像石以数量多、内容丰富、可信年代者延续有序、画面精美复杂、构图绵密细微为世所重。

《后汉书·刘隆传》曰："河南（洛阳）帝城多近臣，南阳帝乡多近亲。"说明河南南阳在东汉时期是皇亲国戚勋臣的会集之地，也是皇家势力所控制的地区，崇奢竞富，势在必然。光武帝刘秀起兵南阳得天下后，颁纬书于天下，《白虎通德论》又将谶纬思想融入钦定的儒家信条中。这种以天象、征兆来了解天意神谕，以荒诞的传说来引出结论的思想，弥漫天下。我们今天看到的南阳画像石，多天象、神异和男女侍者等内容，对东汉时帝王、权贵的生活和思想，尽管不是直接反映，但起码也是当时南阳世风的反映。南阳画像石多使用质坚而脆的石灰石，雕镌时使用了洗练、粗犷的手法，主题突出，形象鲜明。画像造型上，南阳画像石上的人物除武士外，一般都较典雅、沉稳、恭谨；动物和灵异因使用了夸张变形的表现手法而显得生动活泼、多姿多态，颇有呼之欲出之势。

川渝地区，从战国到秦汉，一直被当时的政权作为经济基地来开发。秦时都江堰水利工程的建成，更使蜀地经济实力得到增强。正因为有了这个殷实的经济后方，不仅"汉之兴自蜀汉"（《史记·六国年表》），秦得天下也是"由得蜀故也"（《蜀鉴》）。

画像砖、画像石的生产、交换题材，集中出现在川渝地区，如"市井""东门市""采盐""酿酒""采桑""借贷""交租""收获""采莲""捕鱼""放筏""播种""贩酒"等，既反映了汉时川渝地区蓬勃发展的经济，也反映了川渝地区在秦汉两代是经济后方的事实。川渝画像石对汉代俗文化的反映是很典型的，举凡长歌舞乐、宴饮家居、夫妻亲昵等多有所表现。川渝画像石多使用质软而粗的砂石，雕镌时注重体量，浮雕往往很高，风格粗放生动，尤其以彭山江口崖墓富于雕塑语言表达的高浮雕、乐山麻浩崖墓画面宏大的中浮雕等崖墓石雕，以及一些石阙、石棺浮雕最有代表性。

陕北画像石的内容，较少出现别的地区常有的历史故事，也未见捕鱼、纺织等题材，而是较多反映了边地生活中的军事、牧耕、商业等内容，以及流行于汉代社会的神仙祥瑞思想。这正反映了陕北在出现画像石的东汉初中期，商人、地主、军吏成为此地主要的富有者和有权势者。陕北画像石生动地反映了这些文化素养不高又满脑子流行思想（升仙、祥瑞）的人的追求。陕北画像石使用硬而分层的页岩（沉积岩），不宜做多层镌刻，图像呈剪影式，再辅以色彩来丰富细节。在形象的处理上，不追求琐碎的细节；在处理各种曲线、细线和一些小的形象时，多采用类似今天剪纸中"连"的手法，一个形象与一个形象相互连接，既保证了石面构架的完整，又使画面显得生动丰富。平面浅浮雕基本上是陕北画像石采用的唯一一种表现手法，因此陕北画像石是将一种艺术形式发挥得淋漓尽致的典型例子。华美与简朴，纤丽与苍劲，流畅与涩拙，都由这一手法所出，表现得非常成功。一般来说，反映农耕牧业等生产内容的画面，往往都刻得粗犷、简练；反映狩猎、出行等官宦内容的画面，往往都刻得生动、活泼；反映西王母、东王公、羽人、神人、神兽等神仙祥瑞的画面，往往都刻得细腻繁复，尤其是穿插其间的云气纹、卷草纹等装饰纹样，委婉回转，飞动流畅，极富曲线之美。在辅之以阴线刻、线绘（墨线与色彩线）、彩绘（青、白、绿、黑等）这些艺术手段后，完整的汉代画像石墓往往表现出富丽华贵之气。从总体上看，极重装饰美这一点，在陕北画像石中表现得最为突出。

徐州在汉代是楚王封地，经济发达，实力雄厚。20世纪50年代以来，先后发掘的几座楚王墓，都是凿山为陵、规模宏大的工程，真可雄视其他王侯墓。这种气度和风范在画像石中，主要体现为对建筑物的表现和巨大画面的制作。这些建筑多是场面大、组合复杂、人物众多的亭台楼阁、连屋广厦，均被表现得参差错落、气势非凡。加上坐谈、行走、宴饮于其中的人物，穿插、活动于其中的动物和神异之物，既使画面生动有致、热闹非凡，也真实地反映了汉代徐州地区的富庶和权贵们生活的奢侈。徐州画像石与南阳画像石一样，多用质坚而脆的石灰石；不同的是，徐州画像石中有一些面积较大的石面，雕镌出丰富庞杂的画面。这种画面中，既有建筑，也有宴饮，还有车马出行、舞乐百戏等宏大场面。在这些大画面的平面构成上，人物、动物、灵异、建筑、藻饰等的安排密而不塞，疏而不空，繁杂而有秩序层次，宏大而有主从揖让。

无论是画像砖还是画像石，最后一道工序都应是上色和彩绘。细节和局部，正依赖于这一工序。一些砖、石上残留的色彩说明了这个事实。如陕北榆林画像石上有红、绿、白诸色残留，四川成都羊子山画像石上有红、黄、白诸色残留，河南南阳赵寨画像石上有多种色彩残留，等等。精美而富于感情的"文"，是今天借以判断这些砖、石审美情趣的依据，可惜已失去了。今天能看到的画像砖、石，大都是无色的，仅仅是原物的"素胎"和"质"，即砖、石的本色。岁月的销蚀，使这些砖、石从成品又回到半成品的状态。用半成品来断定当时的艺术水准并不可靠，仅从"质"出发对汉代艺术下判断也往往失之偏颇。半成品用来欣赏，给观众留下了足够的余地，给观念的艺术思维腾出了广为驰骋的天地。观众可用今天的审美观、今天对艺术的理解和鉴赏习惯，运用自己丰富的想象力，去参与这种极为自由的艺术创作，去完成那些空余的、剩下的部分。引而不发的艺术品，更能使人神思飞扬。这也是今天对画像砖、画像石的艺术性评价甚高的原因。汉画像的魅力就在于此。

画像砖、画像石作为一种特殊的艺术品，所依托的是秦汉的丧葬观念。秦汉王朝的兴衰史，也是画像砖、画像石艺术从发达到式微的过程。从这个意义上讲，画像砖、画像石艺术是属于特定时代的艺术。但是，画像砖、画像石所积累下的对砖、石这两种材料的各种应用经验，积累下来的在砖、石上进行创造的法则和原理，则通过制作画像砖、画像石的工匠们口手相传，流入后代历史的江河中。且不论汉以后的墓葬艺术中还随时可看到汉画像的影子，就是在佛教艺术开龛造窟的巨大营造工程中，在具体处理各种艺术形象时，也处处可见汉画像的创作原理和技法的运用。画像砖、画像石艺术是汉代人用以追求永恒的一种形式，但真正得以永恒的并不是人，而是画像砖、画像石艺术自身。

五

所谓画像，就其本义来说是指拓片上的图像，即平面上的画，而不是指原砖、原石。中国对汉代这些原砖、原石的研究，几百年来基本上是根据拓片来开展的。而且，用拓片做图像学式的研究还主要是近一百年的事。

画像砖、画像石多为浮雕，本属三维空间艺术。拓片则是二维空间艺术。以二维空间艺术（拓片的画面）对三维空间艺术进行研究，即对画像砖和画像石的布局、结构、气韵、情趣等方面进行研究，是中国特有的一种研究方法。从今天的角度或今天所具有的条件来看，应赋予古人的这种方法以新的含义，即拓片的研究应是综合性的。这种综合性是随画像砖、画像石本身的特点而来的。例如画像石的制作，起码有起稿上石、镌刻、彩绘、拓印这四个环节。每一个环节都是一次创作或再创作，如起稿上石所体现的线的运动和笔意，镌刻所体现的刀法和肌理，彩绘所体现的随类赋彩和气韵，拓印所体现的金石味、墨透纸背的力量感和石头的拙重感，等等。这四个环节是从平面到立体，又从立体回到平面，这种交替创作发人深省。拓片的出现最初肯定是以方便为动机，后来拓片就成了艺术的一种形式而被接受，这正体现了中国传统美学对艺术朦胧、得神、重情的一种要求。

拓片是我国特有的艺术工艺传拓的作品。汉画拓片，主要指汉代画像砖、画像石的拓片。这些拓片不是原砖塑、原石刻的机械、刻板的复制品，而是一种艺术的再创作。好的拓片不仅能将雕镌塑作的三维作品忠实地转换成二维图形，而且能通过传拓中所采用的特殊方法，在纸面上形成某些特殊的肌理或凹凸，使转换成的二维图形具有浓浓的金石韵味。拓片实质上是一种特殊的艺术品。正如所有的艺术品都有高低优劣之分，拓片也有工拙精粗之分。拓印粗拙的所谓拓片，既没有忠实记录下原砖、石上的图像信息，也没有很好地传达出原砖、石上特有的艺术韵味。这种所谓的拓片，就像聚焦模糊的照片，看似有物，实则空无一物，是废纸一张。而好的拓片历来被学者和艺术家所看重，而且往往成为他们做出一些重要学术判断的依据或提高艺术表现的借鉴。许多艺术家就是根据好的拓片创作出一些精彩作品的。

今天，汉代墓室画绘，汉画像砖、画像石的原砖、原石及其拓片，铜镜、瓦当及其拓片等汉代图像资料，被广泛地应用于多学科的研究和各类艺术创作实践中。古老的汉画，因其新的作用和特有的魅力，实现了自身的蜕变和升华，成为我们新时代文化构成的重要部分。

顾　森

2021 年 12 月 15 日

目　录

舞乐百业述要 ································· / 1

舞乐 ······································· / 7

　　舞乐百戏场景 ··························· / 9

　　舞 ······································· / 26

　　　　建鼓舞 ································ / 26

　　　　盘鼓舞 ································ / 55

　　　　袖舞 ································· / 67

　　　　　　长袖舞 ···························· / 67

　　　　　　翘袖折腰舞 ······················· / 83

　　　　　　巾舞 ······························ / 84

　　　　拂舞 ································· / 86

　　　　铎舞 ································· / 87

　　　　磬舞 ································· / 88

　　　　鼗舞 ································· / 89

属舞 ································· / 91

乐 ···································· / 94

　　钟 ···································· / 94

　　饶与铎 ······························· / 95

　　磬 ···································· / 96

　　埙 ···································· / 97

　　鼖鼓 ································· / 99

　　搏拊 ································· / 100

　　小鼓 ································· / 102

　　鼗鼓 ································· / 107

　　琴与瑟 ······························· / 111

　　筝 ···································· / 118

　　筑 ···································· / 120

　　琵琶 ································· / 121

　　竽 ···································· / 122

　　笙 ···································· / 126

　　排箫 ································· / 127

笛	/ 134
胡笛与篪	/ 136
筑与筚	/ 137
夯杵与舂牍	/ 141
咏歌与拊掌	/ 143
骑吹与驼鼓	/ 148
萧鼓	/ 149

百戏 ……………………………………………… / 150

百戏场景	/ 150
角抵	/ 155
徒手互搏	/ 155
徒手搏械	/ 155
技击	/ 159
斗兽	/ 167
戏兽	/ 172
鱼龙漫衍	/ 183
叠人叠案	/ 185

谐戏 ········· / 187

象人之戏 ········· / 191

倒立 ········· / 192

跳剑与跳丸 ········· / 201

高絙 ········· / 209

寻橦 ········· / 210

弄瓶 ········· / 211

冲狭 ········· / 212

旋盘与旋球 ········· / 213

马术 ········· / 214

百业 ········· / 219

士 ········· / 221

习经 ········· / 221

行猎 ········· / 227

   场景 ········· / 227

   猎兽 ········· / 253

   骑射 ········· / 264

　　　　立射与跪射 …………………………… / 273

　　　　弋射 ……………………………………… / 279

　　　　御鹰 ……………………………………… / 281

　　　　猎获 ……………………………………… / 282

　尚武 ……………………………………………… / 284

　　　　兵器架 …………………………………… / 284

　　　　力士 ……………………………………… / 287

　　　　武士 ……………………………………… / 288

　　　　勇力 ……………………………………… / 295

　博戏 ……………………………………………… / 305

　燕居 ……………………………………………… / 316

　　　　安居 ……………………………………… / 316

　　　　房中 ……………………………………… / 328

　　　　饮宴 ……………………………………… / 332

　其他 ……………………………………………… / 340

　　　　送终 ……………………………………… / 340

　　　　养老 ……………………………………… / 343

　　　　揖射 ……………………………………… / 344

农 ··· / 345

   耕耘 ·· / 345

   收藏 ·· / 352

   纺织 ·· / 354

   捕捞 ·· / 358

   采养 ·· / 365

工 ··· / 369

   制车 ·· / 369

   锻炼 ·· / 370

   开采 ·· / 371

   酿造 ·· / 374

   庖厨 ·· / 375

   其他技艺 ·· / 416

商 ··· / 418

   市场 ·· / 418

   交易 ·· / 425

   流转 ·· / 432

舞乐百业述要

一、舞乐

舞乐在汉代人的生活中，犹如食物和水，是须臾不可或缺的。舞乐之所以与人有如此紧密的关系，与汉代人对舞乐的态度及理解直接相关。这些态度和理解，简而言之为如下三个方面。

1. 从哲学、伦理、道德的角度，汉代人认为舞乐有教化和内修的作用，认为乐和礼是天与地精神的象征。如《史记·乐书》中所说："乐者，天地之和也；礼者，天地之序也。""故君子不可须臾离礼，须臾离礼则暴慢之行穷外；不可须臾离乐，须臾离乐则奸邪之行穷内。"又由于乐是德的象征，而"德者，性之端也；乐者，德之华也；金石丝竹，乐之器也；诗，言其志也；歌，咏其声也；舞，动其容也；三者本乎心，然后乐气从之。"所以，用舞乐来表达所谓的德和爱，就可以移风易俗，整齐民心。《史记·乐书》中的这些观点也普遍见于《汉书·礼乐志》及汉代的其他著述里。

2. 从美学的角度总结汉代舞乐超越前人之处。这种总结可从汉代傅毅的《舞赋》中看到。《舞赋》指出汉代舞蹈中"与志迁化""明诗表指"的内涵，即舞蹈向意境中进行开拓和表现无限的诗意，不仅为了外观和快感，而且向文质并茂发展。例如，赋中用重墨描写的盘鼓舞，以舞者在象征北斗七星和日月的七盘二鼓上舞蹈，以"若俯若仰，若来若往""若翔若行，若悚若倾"的生动舞姿和舞者"舒意自广，游心无限，远思长想""雍容惆怅，不可为象"的内心表述，形、情、神三者并兼地展现了如遨游太空、超然物外的仙人，从而很好地用舞蹈的语汇表达了汉代人对永生或永恒的一种企望和追求。

3. 从人的情感发抒的角度论述舞乐的作用。这种作用在汉代毛苌所作《毛诗序》里说得极为明白："诗者，志之所之也，在心为志，发言为诗。情动于中而形于言，言之不足故嗟叹之，嗟叹之不足故永歌之，永歌之不足，不知手之舞之，足之蹈之也。"从这段话可看出，言诗、嗟叹、咏歌、舞蹈这些行为，都是一种情感语言。《毛诗序》的这一认识，可以说是最能反映汉代舞乐盛行现象的。从汉代的许多文献材料中可以看到，从宫廷到民间，时时在举行舞乐活动；从皇帝到平民，时时沉浸在舞乐活动中。

汉代舞乐的表现形式，主要有专业和非专业两类。专业类是由"女乐"进行表演；非专业类则是自发地即兴唱或舞。例如舞蹈，就有表演舞、交谊舞、自娱舞几类，前者属专业类，后两者属非专业类。具体而言，表演舞主要是由专业艺人——伎乐表演的独舞或群舞；交谊舞即汉代文献中所说的"以舞相属"，是一种带有礼节性的邀舞；自娱舞便是在任何场合的即兴起舞。

根据文献并结合汉画材料，汉代的舞蹈名称主要有两大类。

（1）群舞类：巴渝舞（军舞）、灵星舞（祭后稷神舞）、建鼓舞（以建鼓为中心的歌舞表演）、四夷舞（持矛、羽、戟、干表四方和四季之舞）、祭庙之舞等。

（2）可群舞可独舞类：盘鼓舞（七盘舞）、楚舞（翘袖折腰舞）、巾舞（手持长巾或短巾而舞）、拂舞（执拂子而舞）、铎舞（手持似大铃的乐器铎而舞）、鼙舞（手持鼙鼓伴着歌声而舞）、袖舞（舞长袖、细腰）等。

汉代音乐的形式和内容，主要有乐府、相和歌、鼓吹乐等。

乐府本是皇家收集、整理民间音乐并在郊祀、宴享时表演的机构，但也可视为民间音乐总汇的一种表演形式。由演奏和演唱都训练有素的众多乐工出演，音乐生动而又气势磅礴。

相和歌是流行于宫廷和民间的一种音乐形式。由丝竹乐器伴奏，执节（指"节"或"节鼓"的击乐器）者歌，也有与舞蹈、器乐演奏相结合（称"大曲"），或与舞蹈脱离而成为纯器乐合奏者（称"但曲"）。相和歌的乐队为丝竹与鼓，常见的有笛、笙、节鼓、琴、瑟、筝、琵琶、箜篌等。汉代的歌舞表演中，用到的节拍乐器除鼓、钟外，还有一些今天基本上见不到而在汉画中经常出现的乐器，如搏拊、舂牍、夯杵等。搏拊，抚拍用的节乐之器，一种皮质类鼓的击节乐器。汉代刘熙《释名·释乐器》云："搏拊也，以韦盛糠，形如鼓，以手附拍之也。"舂牍，一种古老的中国乐器，奏乐时用以打节拍，以竹为之，有长短两种，长者七尺，短者一二尺。《释名·释乐器》云："舂，撞也。牍，筑也。以舂筑地为节也。"夯杵，本是一种版筑时用来夯实泥土的工具，始于西汉梁孝王时演变成乐器。《后汉书·郡国二》"梁国·睢阳"注引《地道记》云："梁孝王筑城十二里，小鼓唱节杵下而和之，称《睢阳曲》。"边筑城边伴以有节奏的歌舞，本是为减轻疲劳的娱乐形式，后演变成一种歌舞（《睢阳曲》或《睢阳操》）流传于后世。夯杵这一劳动工具也成了一种击节乐器。

鼓吹乐是一种流行的以打击乐器鼓和管乐器排箫、横笛、笳、角等合奏的音乐，有时也有歌唱。因乐队编制和应用场合不同，而有横吹、骑吹、短箫铙歌、箫鼓等不同称谓。

横吹，是以横吹（横笛）为主奏乐器，加上鼓、角等组成。有时也加用笙篪（即管）与排箫。

骑吹，是用鼓、笳等乐器在马上演奏，主要用于官吏或贵族出行时的仪仗。

短箫铙歌，是用笳、排箫、鼓、铙等乐器在马上演奏的军乐。

箫鼓，是用排箫与鼓合奏的一种仪仗音乐。有时乐工是坐在鼓车中进行演奏。鼓车大都有楼，故又叫楼车；上置巨大的建鼓，乐工坐在楼下车厢里演奏。这种器乐合奏也可用作军乐。

角，最初由兽角制成，以后改用竹、木、皮革、铜等材料制作。笳，最初用芦叶卷起来吹奏，后来把芦叶做成哨子，装在一根有按孔的管子上吹奏，又叫笳管。汉代还有一种管状乐器，称为"篪"，又名"吹鞭"。篪并不编入乐队中成一种旋律乐器，其功能类似今天的军号，主要用于传达行止命令。在汉画中常见于出行仪仗中，起一种通知和开道的作用。

汉代的乐和舞绝大多数情况下是不分的，即是说汉代乐舞实际上是音乐、舞蹈、体育、杂技、幻术、舞剧等多种文艺形式的综合出演。这种综合性在汉画中到处可见，而文献中所记载的皇家大型综合文艺表演，又能让我们知道这些综合演出的具体内容。

皇家大型综合文艺表演最具代表性的是富于观赏性、娱乐性的角抵百戏。根据张衡《西京赋》，李尤《平乐观赋》，以及《史记·大宛传》，《汉书》的《武帝本纪》《西域传》，《西京杂记》等书的记载，角抵百戏由以下几大部分组成。

（1）总会仙倡（伴有人工造景的歌舞）：戏豹舞罴、白虎鼓瑟、苍龙吹篪、女娲坐唱、洪崖羽舞、人工雷雪等。

（2）漫衍鱼龙（象人拟兽舞加幻术）：熊虎格斗、猿猴高攀、怪兽虾雀、白象产子、海鳞变龙、舍利仙车、蟾蜍神龟、水人弄蛇等。

（3）东海黄公（角抵戏，有简单的故事情节）。

（4）都卢（杂技幻术）：乌获扛鼎、都卢寻橦（顶竿）、冲狭（钻刀圈）燕濯（踊越水面）、胸突铦锋（爬刀梯）、跳丸耍剑、戏车走索、吞刀吐火、画地成川等。

（5）巴渝（军舞）。

（6）海中砀极（水上音乐）。

除以上这些娱乐性舞乐外，另一大类是用于庆典和祭祀的所谓雅乐，如祭庙之舞《武德》（《昭德》《盛德》）、《文始》《四时》《五行》，宫中演奏的《安世房中歌》十七章，祭祀时演奏的《郊祀歌》十九章，等等。不过这些舞乐是帝王在特定时间或特定场合所用，与民间无关，所以尽管汉画有繁多的画面，也难以从中找到这些舞乐内容的形象。

二、百业

汉代社会的人员结构，简而言之可分为官与民（朝与野）两部分。官一类，包括帝王、文武百官及其属员、地方各级官吏及其属员。即凡食俸禄者，均归于官。官以外，皆为民。士、农、工、商即汉代民的范围。除士、农、工、商四民外，还有一个很大的群体——奴。奴属一种财产，是一群没有人身自由，依附于官家和私人的社会成员。伎乐和从事其他事务的家奴，归于这一类。他们虽然没有民的身份，为论述方便，划入民较合理。

汉代的官与民之间没有横亘着一道社会的鸿沟，而是可以相互转换。官不食俸禄，便是民；民（包括奴）因某种技能或机会，也可为官。由民（包括奴）转为官的典型例子就是卫子夫、卫青姐弟二人。他们均为汉武帝姐姐平阳公主的家奴，一为女乐，一为骑奴，后进宫。最终卫子夫成为皇后，卫青成为大将军，贵极人臣。而且西汉武帝以后诸帝，除昭帝外，从宣帝开始，均属卫皇后后代。

汉代社会所有人力、物质、自然资源的使用、调控，归于官。官是汉代社会的统治者和管理者。而民（包括奴），则是从事百业者。本书从汉画图像材料实际出发，将舞乐（包括百戏）单列，则所有伎乐（官家或私家）、百戏从业者均归入此类。故百业一类，则总归于士、农、工、商。家奴在图像中无法判断，总归于侍从一类。

四民中，士与农、工、商有很大不同。《史记·货殖列传》云："夫用贫求富，农不如工，工不如商，刺绣文不如倚市门。"可见农、工、商从事的是较纯粹的经济活动。而士业，多与经济活动无关。

四民之说，首先由《管子·匡君小匡》中提出，之后又于《春秋穀梁传·成公元年》中再现，汉代沿用了这一分类（见《汉书·食货志上》）。从以上几部文献中所记，"士民"的定位多归于学者一类（《穀梁传》《食货志》）或伦理道德的传播者（《管子》）。但从许多历史文献中看到，"士民"的组成又要复杂得多。文士、武士、隐士、纵横士、相士（占卜者）……名目繁多。而从战国四君子所养的士来看，从精于谋划者到鸡鸣狗盗之徒，涵盖面就很宽泛。

一般来讲，汉代的士不会纯习文或纯习武，基本上应是文武兼修。汉代是一个具有开拓性和进取精神的时期，拓荒开疆、民族战争使汉代人形成了唯知雄飞奋进和追求建功立业的人生价值观。文武兼习更是许多士人采用的自我造就方式。即使像司马相如这类大文豪，也是"好读书，学击剑"（《史记·司马相如列传》）同时并举。两汉的这些风气，在留存至今的汉画里可得到较清楚的反映。当然，"士民"并非是一个大杂烩，而是由有一些具有基本共同点的人组成。"士民"多是一些有文化或有某种专门技能、有一定社会地位、有一定经济能力的人组成。故在"士民"身上所体现的，主要是两方面：一方面，他们所从事的，按今天的话说，多是文化方面或意识形态方面的工作；另一方面，他们所追求的，从生活内容到教育内容，则以贵族化、精英化为目标。所以，"士民"应是介于官与民之间的灰色人群。事实上，汉代各级官吏，除有祖荫和军功者外，大量成员就来自"士民"。而"士民"中，同样也有许多本身就是从官转换成民的人。故本书所收"士民"图像，便是除开官吏系统，将农、工、商之外者尽数囊括入内。

两汉四百多年一统、稳定的局面及特殊的经济政策，使经济繁荣、百业并兴，出现了农业上牛耕和铁农具的普及，手工业上造车、铸铜、冶铁、煮盐、纺织、酿造、髹漆等的发达，商业上与诸方异域的交换增多和内地市肆活跃，等等。自西汉文帝"开关梁，弛山泽之禁"后，过去专属于帝王的山林川泽在逐渐私有化的过程中，其林木资源和渔猎资源也有机会得到很好的开发。汉代的这些经济活动，尤其是东汉以来的经济活动，被汉画以生动、丰富的形象记录下来。仔细"读"汉画这部形象的史书，从中我们似乎能听到两千多年前的叱牛声、砧铁声、纺纱声，感受到山中采盐、河泽捕鱼、猎犬逐兽的热烈气氛。

依汉画图像材料来看，士、农、工、商的主要活动为下列几项内容。

（1）士：习经、尚武（非战争类、百戏类）、射猎、交游、宴饮、燕居、养老等。

（2）农：耕耘、放牧、捕鱼、纺织、采摘、贮藏（含加工）、纳租等。

（3）工：制作、酿造、冶炼、采矿、庖厨等。

（4）商：货物的贩卖、交换、流通等。

以上分类并非精准，而是一种粗略的分法。其中自然有多种属性的门类，如纺织，既可划为"农"类，也可划为"工"类。《考工记·冬官》就将以织绣为主体的"妇功"单列，成为与农、工、商平等的一类，"国有六职：王公、士大夫、百工、商旅、农工、妇功。"前引《史记·货殖列传》中的"夫用贫求富，农不如工，工不如商，刺绣文不如倚市门"一语，也将"刺绣文"视为"工"。但考虑到"男耕女织"一直是农业社会的招牌性用语，将纺织列入"农"更为合适。还有一些门类也有这种情况，就不一一细说了。

舞乐

舞乐百戏场景 东汉建宁四年（171） 安徽宿县褚兰墓山孜 石

舞乐百戏场景 东汉阳嘉三年（134） 安徽灵璧 石

舞乐百戏场景 东汉熹平三年（174） 安徽灵璧 石

舞乐百戏场景 东汉元和二年（85） 山东莒南东南墩 石

中国汉画大图典

舞乐百戏场景

舞乐百戏场景　东汉　安徽定远　石

舞乐百戏场景　东汉　安徽宿县褚兰宝光寺　石

舞乐百戏场景　东汉　河南南阳　石

舞乐百戏场景　东汉　江苏邳州　石

10

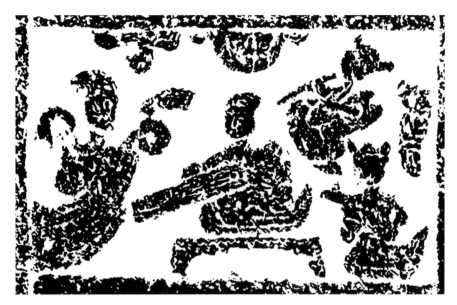
舞乐百戏场景　东汉　江苏邳州占城　石

舞乐百戏场景　东汉　江苏徐州铜山汉王　石

舞乐百戏场景　东汉　江苏徐州铜山汉王　石

中国汉画大图典

舞乐百戏场景

舞乐百戏场景 东汉 江苏睢宁双沟 石

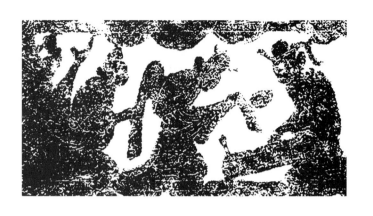
舞乐百戏场景 东汉 江苏徐州铜山汉王 石

舞乐百戏场景 东汉 山东安丘董家庄 石

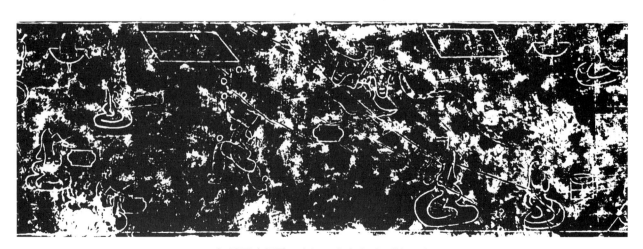
舞乐百戏场景 东汉 山东安丘王澍 石

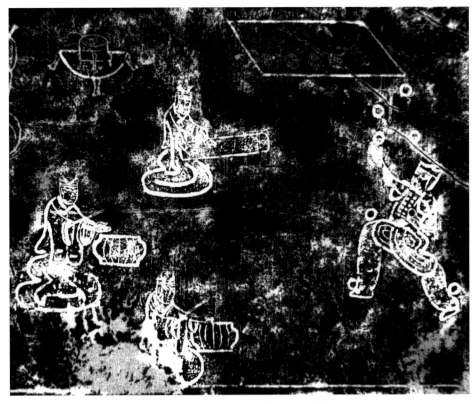

舞乐百戏场景 东汉 山东安丘王㳇 石

舞乐百戏场景 东汉 山东费县刘家疃 石

舞乐百戏场景 东汉 山东嘉祥 石

中国汉画大图典

舞乐百戏场景

舞乐百戏场景（局部）　东汉　山东临沂吴白庄　石

舞乐百戏场景　东汉　山东滕州　石

舞乐百戏场景　东汉　山东滕州龙阳店　石

舞乐百戏场景　东汉　山东临沂吴白庄　石

舞乐百戏场景　东汉　山东临沂吴白庄　石

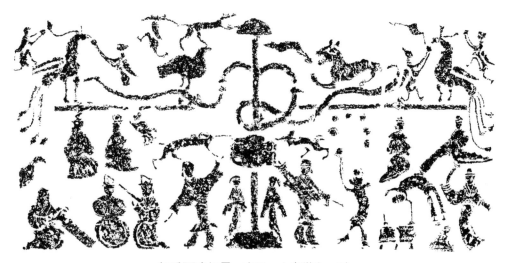

舞乐百戏场景 东汉 山东微山 石

舞乐百戏场景 东汉 山东微山两城 石

舞乐百戏场景 东汉 山东微山两城 石

舞乐百戏场景　东汉　山东沂水韩家曲　石

舞乐百戏场景

舞乐百戏场景（局部）　东汉　山东沂水韩家曲　石

舞乐百戏场景（局部）　东汉　山东沂水韩家曲　石

舞乐百戏场景 东汉 山东邹城 石

舞乐百戏场景 东汉 山东邹城 石

舞乐百戏场景

舞乐百戏场景 东汉 四川大邑安仁 砖

舞乐百戏场景　东汉　四川德阳　砖

舞乐百戏场景　东汉　四川德阳　砖

舞乐百戏场景　东汉　四川广汉新平罗家包　砖

舞乐百戏场景 东汉 四川广汉 砖

舞乐百戏场景 东汉 四川彭州太平 砖

舞乐百戏场景 东汉 四川彭州太平 砖

舞乐百戏场景

舞乐百戏场景　东汉　四川彭州义和　砖

舞乐百戏场景　东汉　四川彭州　砖

舞乐百戏场景　东汉　四川郫县　石

舞乐百戏场景　东汉　四川郫县　石

舞乐百戏场景　东汉　四川邛崃　砖

舞乐百戏场景　东汉　四川什邡　砖

舞乐百戏场景

舞乐百戏场景 东汉 四川新都 砖

舞乐百戏场景 东汉 四川 砖

舞乐百戏场景　东汉　浙江德清秋山　石

对舞　舞乐百戏场景（局部）　东汉　浙江德清秋山　石

舞者　舞乐百戏场景（局部）　东汉　浙江德清秋山　石

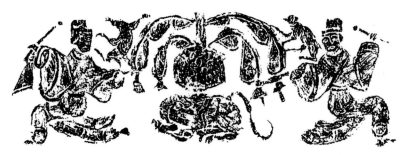
建鼓舞　东汉阳嘉三年（134）　安徽灵璧　石

建鼓舞　东汉建宁四年（171）
安徽宿县褚兰墓山孜　石

建鼓舞　东汉熹平三年（174）　安徽灵璧　石

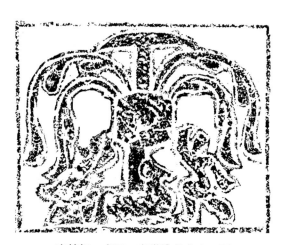
建鼓舞　东汉　安徽淮北北山　石

建鼓舞　东汉　安徽淮北　石

建鼓舞　东汉　安徽灵璧　石

建鼓舞　东汉　河南邓州　石

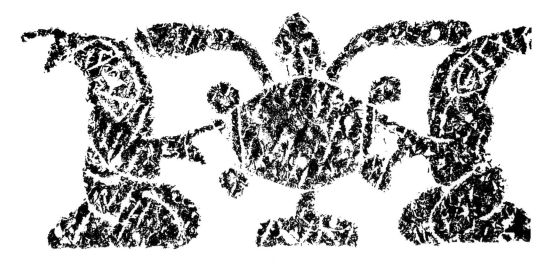

建鼓舞　东汉　河南邓州　石

建鼓舞　东汉　河南方城　砖

舞 建鼓舞

建鼓舞　东汉　河南方城　石

建鼓舞　东汉　河南南阳　石

建鼓舞　东汉　河南南阳　石

建鼓舞　东汉　河南南阳　石

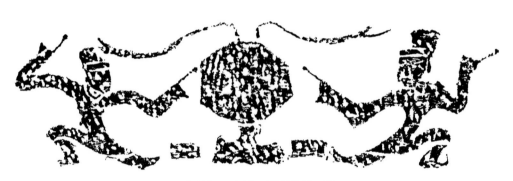

建鼓舞　东汉　河南南阳　石

建鼓舞　东汉　河南南阳　石

建鼓舞　东汉　河南南阳　石

建鼓舞 东汉 河南南阳 石

建鼓舞 东汉 河南南阳 石

建鼓舞 东汉 河南南阳 石

建鼓舞 东汉 河南南阳 石

建鼓舞　东汉　河南南阳　石

建鼓舞　东汉　河南南阳　石

建鼓舞　东汉　河南南阳　石　　　　　　　建鼓舞　东汉　河南南阳　石

建鼓舞　东汉　河南南阳　石

建鼓舞　东汉　河南南阳　石

建鼓舞　东汉　河南南阳　石

建鼓舞　东汉　河南南阳　石

建鼓舞　东汉　河南南阳　石

建鼓舞　东汉　河南南阳　石

建鼓舞　东汉　河南南阳　石

中国汉画大图典

舞 建鼓舞

建鼓舞　东汉　河南南阳　石

建鼓舞　东汉　河南南阳　石

建鼓舞　东汉　河南南阳　石

建鼓舞　东汉　河南南阳　石

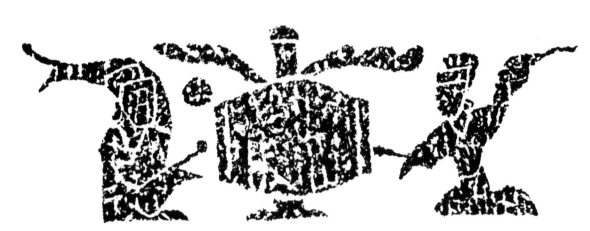

建鼓舞　东汉　河南南阳　石

建鼓舞　东汉　河南南阳　石

建鼓舞　东汉　河南唐河　石

建鼓舞　东汉　河南唐河　石

建鼓舞　东汉　河南唐河　石

建鼓舞　东汉　河南唐河　石

建鼓舞　东汉　河南唐河　石

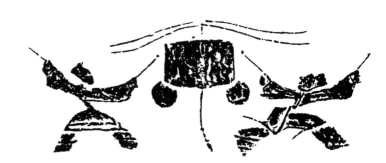

建鼓舞　东汉　河南新野　砖

建鼓舞　东汉　河南郑州　砖

舞 建鼓舞

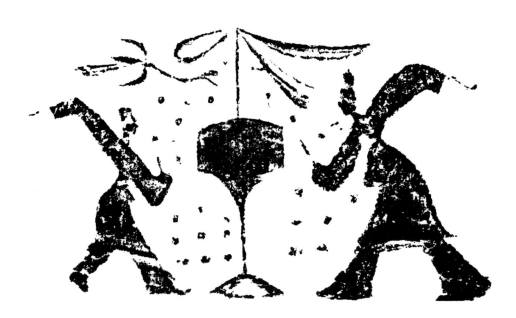

建鼓舞　东汉　河南郑州　砖

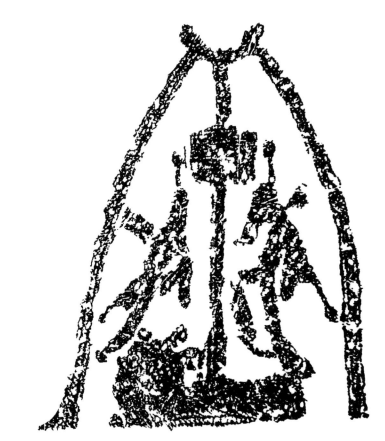

建鼓舞　东汉　江苏邳州　石

舞乐百业

建鼓舞　东汉　江苏睢宁　石

建鼓舞　东汉　江苏睢宁　石

建鼓舞　东汉　江苏睢宁双沟　石

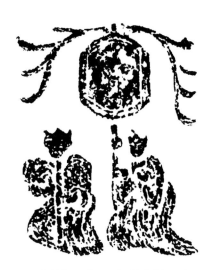

建鼓舞　东汉　江苏徐州　石

舞　建鼓舞

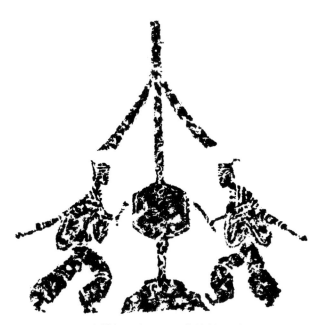

建鼓舞　东汉　江苏徐州　石

建鼓舞　东汉　江苏徐州　石

舞

建鼓舞

建鼓舞　东汉　江苏徐州　石

建鼓舞　东汉　江苏徐州　石

建鼓舞　东汉　江苏徐州　石

建鼓舞　东汉　江苏徐州　石

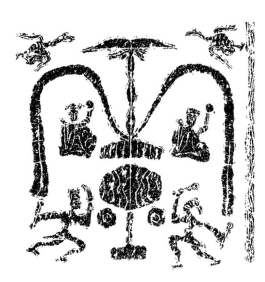
建鼓舞　东汉　江苏徐州凤凰山　石

建鼓舞　东汉　江苏徐州铜山　石

建鼓舞　东汉　江苏徐州铜山　石

建鼓舞　东汉　江苏徐州铜山汉王　石

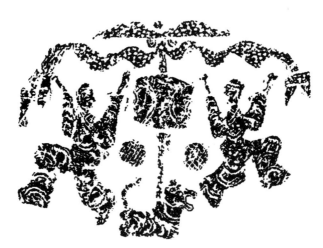

建鼓舞　东汉　江苏徐州铜山汉王　石

建鼓舞　东汉　江苏徐州铜山汉王　石

建鼓舞　东汉　江苏徐州铜山　石

建鼓舞　东汉　山东费县刘家疃　石

建鼓舞　东汉　山东济南　石

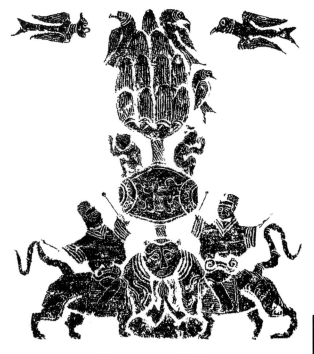

建鼓舞　东汉　山东济宁　石

舞乐百业

舞　建鼓舞

建鼓舞　东汉　山东嘉祥　石

建鼓舞　东汉　山东嘉祥　石

建鼓舞　东汉　山东嘉祥　石

建鼓舞　东汉　山东嘉祥　石

建鼓舞　东汉　山东平阴　石

建鼓舞　东汉　山东　石

舞 建鼓舞

建鼓舞　新莽至东汉　山东曲阜　石

建鼓舞　东汉　山东滕州　石

建鼓舞　东汉　山东滕州　石

建鼓舞　东汉　山东滕州　石

建鼓舞　东汉　山东滕州　石

建鼓舞　东汉　山东滕州　石

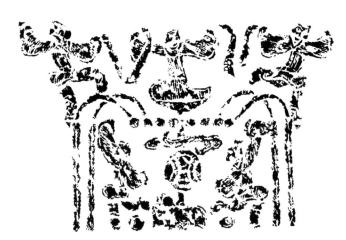
建鼓舞　东汉　山东滕州　石

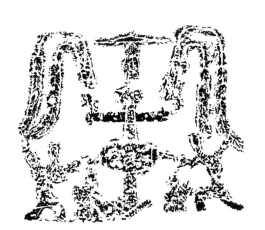
建鼓舞　东汉　山东滕州　石

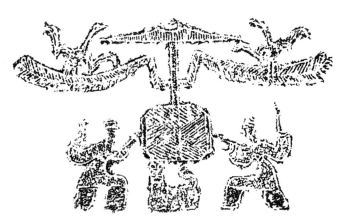
建鼓舞　东汉　山东微山　石

建鼓舞　东汉　山东微山　石

建鼓舞　东汉　山东微山　石

建鼓舞　东汉　山东微山两城　石

建鼓舞　东汉　山东微山两城　石

建鼓舞　东汉　山东沂南　石

建鼓舞　东汉　山东沂南　石

建鼓舞　东汉　山东沂南　石

建鼓舞　东汉　山东枣庄　石

建鼓舞　东汉　山东邹城　石

建鼓舞　东汉　山东邹城　石

建鼓舞　西汉　山东邹城　石

建鼓舞　东汉　山东邹城　石

建鼓舞　东汉　山东邹城　石

建鼓舞　东汉　陕西绥德　石

建鼓舞 东汉 陕西绥德 石

建鼓舞 西汉 河南唐河针织厂 石

舞 建鼓舞

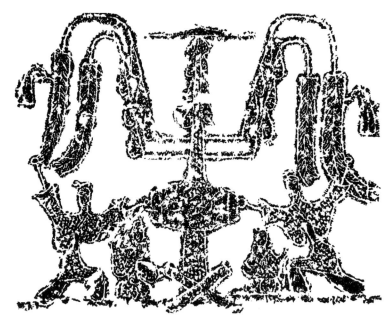
建鼓舞　西汉　山东滕州　石

建鼓舞　西汉　山东邹城　石

建鼓舞　西汉　山东邹城　石

盘鼓舞　东汉　安徽定远　石

盘鼓舞　东汉　安徽定远　石

盘鼓舞　东汉　河南邓州　石

盘鼓舞　东汉　河南南阳　石

盘鼓舞　东汉　河南南阳　石

舞

盘鼓舞

盘鼓舞　东汉　河南南阳　石

盘鼓舞　东汉　河南南阳　石

盘鼓舞　东汉　河南南阳　石

盘鼓舞　东汉　河南南阳　石

盘鼓舞　东汉　河南南阳　石

盘鼓舞　东汉　河南南阳　石

盘鼓舞　东汉　河南南阳　石

舞 盘鼓舞

盘鼓舞　东汉　河南南阳　石

盘鼓舞　东汉　河南南阳　石

盘鼓舞　东汉　河南南阳　石

盘鼓舞　东汉　河南南阳　石

盘鼓舞　东汉　河南南阳　石

盘鼓舞　东汉　河南唐河　石

盘鼓舞　东汉　河南新野　砖

盘鼓舞　东汉　河南新野　砖

盘鼓舞　东汉　河南郑州　砖

盘鼓舞　东汉　河南郑州　砖

盘鼓舞　东汉　河南郑州　砖

盘鼓舞 东汉 河南郑州 砖

盘鼓舞 东汉 山东安丘 石

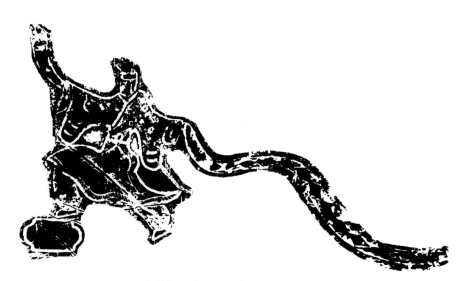

盘鼓舞 东汉 山东安丘王澍 石

盘鼓舞　东汉　山东济宁　石　　　　　　盘鼓舞　东汉　山东嘉祥　石

盘鼓舞　东汉　山东嘉祥　石

盘鼓舞　东汉　山东嘉祥　石

盘鼓舞　东汉　山东嘉祥　石

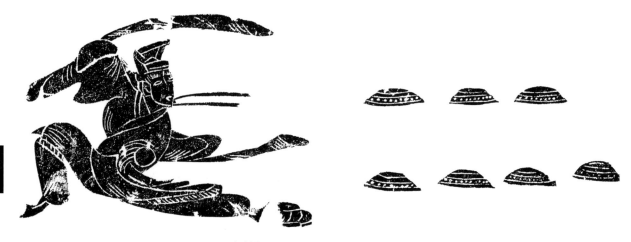

盘鼓舞　东汉　山东沂南　石

盘鼓舞　东汉　山东沂水韩家曲　石

盘鼓舞　东汉　陕西米脂　石

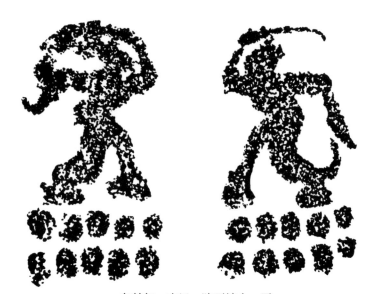
盘鼓舞　东汉　陕西神木　石

盘鼓舞　东汉　陕西绥德　石

盘鼓舞　东汉　陕西绥德　石

盘鼓舞　东汉　四川成都　石

舞 / 盘鼓舞

盘鼓舞　东汉　陕西绥德　石

盘鼓舞　东汉　四川大邑安仁　砖

盘鼓舞　东汉　四川广汉　砖

盘鼓舞　东汉　四川绵竹新市　砖

盘鼓舞　东汉　四川彭州太平　砖

盘鼓舞　东汉　四川什邡皂角　砖

盘鼓舞　东汉　四川　砖

盘鼓舞　东汉　浙江海宁　石

舞

盘鼓舞

盘鼓舞　东汉　浙江海宁　石

长袖舞　东汉　河南唐河　石

长袖舞　东汉　河南唐河　砖

长袖舞　东汉　河南新密　砖

长袖舞　东汉　河南新野　砖

长袖舞　东汉　河南新野　砖

长袖舞　东汉　河南新野　砖

舞 袖舞 长袖舞

长袖舞 东汉 河南郑州 砖

长袖舞 东汉 河南郑州 砖

长袖舞 东汉 河南郑州 砖

长袖舞 东汉 河南郑州 砖

长袖舞 东汉 江苏沛县 石

长袖舞 东汉 江苏沛县 石

长袖舞 东汉 江苏邳州占城 石

长袖舞 东汉 江苏徐州 石

长袖舞 东汉 江苏徐州 石

长袖舞 东汉 江苏徐州 石

长袖舞 东汉 江苏徐州铜山汉王 石

长袖舞 东汉 江苏徐州铜山汉王 石

舞 袖舞 长袖舞

长袖舞 东汉 江苏徐州铜山苗山 石

长袖舞 东汉 山东 石

长袖舞 东汉 山东苍山 石

长袖舞 东汉 山东嘉祥 石

长袖舞 东汉 山东嘉祥 石

长袖舞　东汉　山东嘉祥　石　　　　　长袖舞　东汉　山东临沂吴白庄　石

长袖舞　东汉　山东临沂吴白庄　石

长袖舞　东汉　山东临沂吴白庄　石　　　　　长袖舞　东汉　山东临沂吴白庄　石

舞 长袖舞

长袖舞　东汉　山东滕州　石

长袖舞　东汉　山东滕州　石

长袖舞　东汉　山东微山　石

长袖舞　东汉　山东微山　石

长袖舞　东汉　山东微山　石

长袖舞　东汉　山东微山　石

长袖舞　东汉　山东微山　石

长袖舞　东汉　山东微山　石

长袖舞　东汉　山东沂水韩家曲　石

长袖舞　东汉　山东邹城　石

长袖舞　东汉　山东邹城　石

舞 袖舞 长袖舞

长袖舞　东汉　山东邹城　石

长袖舞　东汉　山东邹城　石

长袖舞　东汉　山东邹城　石

长袖舞　东汉　山东邹城　石

长袖舞　东汉　山东邹城　石

长袖舞　东汉　山东邹城　石

长袖舞 东汉 山东邹城 石

长袖舞 东汉 山东邹城 石

舞　长袖舞

长袖舞　东汉　陕西靖边　石

长袖舞　东汉　陕西靖边　石

长袖舞　东汉　陕西神木　石

长袖舞　东汉　陕西神木　石

长袖舞　东汉　陕西神木　石

长袖舞　东汉　陕西神木　石

长袖舞 东汉 陕西神木 石

长袖舞 东汉 陕西绥德 石

长袖舞 东汉 陕西绥德 石

长袖舞 东汉 陕西绥德 石

长袖舞 东汉 陕西绥德 石

长袖舞 东汉 陕西绥德 石

舞 袖舞 长袖舞

长袖舞　东汉　陕西绥德　石

长袖舞　东汉　陕西绥德　石

长袖舞　东汉　陕西子洲　石

长袖舞　东汉　陕西子洲　石

长袖舞　东汉　陕西子洲　石

长袖舞　东汉　陕西米脂　石

长袖舞　东汉　陕西米脂　石

长袖舞 东汉 四川成都 砖

长袖舞 东汉 四川成都 砖

长袖舞 东汉 四川德阳 砖

长袖舞 东汉 四川德阳 砖

长袖舞 东汉 四川绵竹 砖

长袖舞 东汉 四川绵竹 砖

舞 袖舞 长袖舞

长袖舞　东汉　四川彭州义和　砖

长袖舞　东汉　四川什邡　砖

长袖舞　东汉　四川什邡　砖

长袖舞　东汉　四川彭州　砖

长袖舞　东汉　四川梓潼　砖

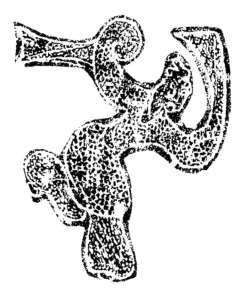

长袖舞　新莽至东汉　山东曲阜　石

长袖舞 西汉 山东邹城 石

长袖舞 东汉 山东微山 石

长袖舞 东汉 山东滕州 石

长袖舞 东汉 山东滕州 石

长袖舞 东汉 山东滕州 石

长袖舞 东汉 山东滕州 石

长袖舞 东汉 山东滕州 石

长袖舞 东汉 山东滕州 石

长袖舞 东汉 山东滕州 石

长袖舞 东汉 山东滕州 石

长袖舞 东汉 山东滕州 石

长袖舞 东汉 山东滕州 石

翘袖折腰舞 新莽 河南唐河新店 石   **翘袖折腰舞** 东汉 河南南阳 石

翘袖折腰舞 东汉 河南南阳 石   **翘袖折腰舞** 东汉 山东微山 石

翘袖折腰舞 东汉 四川郫县 石   **翘袖折腰舞** 东汉 四川郫县 石

中国汉画大图典

舞 袖舞 巾舞

巾舞待舞者 东汉 四川广汉新平罗家包 砖

巾舞 东汉 河南南阳 石

巾舞 东汉 四川德阳 砖

巾舞　东汉　山东安丘王溆　石

巾舞　东汉　四川广汉新平　砖

巾舞　东汉　四川彭州太平　砖

巾舞　东汉　四川彭州义和　砖

巾舞　东汉　四川　砖

巾舞　东汉　河南南阳　石

拂舞　东汉　四川大邑安仁　砖

拂舞　东汉　四川德阳　砖

拂舞　东汉　四川广汉　砖

拂舞　东汉　四川什邡皂角　砖

拂舞　东汉　浙江海宁　石

舞乐百业

舞 铎舞

铎舞 西汉 湖南长沙 漆画

鼙舞　东汉　安徽宿县　石

鼙舞　东汉　山东滕州龙阳店　石

鼙舞　东汉　山东滕州龙阳店　石

鼗舞　东汉　河南新野　砖

鼗舞　东汉　山东沂南　石

鼗舞　东汉　山东沂南北寨　石

鼗舞 东汉 四川大邑安仁 砖

鼗舞 东汉 四川广汉新平罗家包 砖

鼗舞 东汉 四川绵竹新市 砖

鼗舞 东汉 四川新都利济 石

鼗舞 东汉 四川邛崃 砖

属舞　东汉　陕西绥德　石

属舞　东汉　四川彭州　砖

属舞　东汉　四川什邡　砖

属舞　东汉　四川新都　砖

舞乐百业

舞 属舞

舞者　东汉　河南南阳　石

舞者　东汉　重庆璧山　石

属舞　东汉　山东莒南　石

乐钟

钟　东汉　河南南阳　石

钟　东汉　河南南阳　石

钟　东汉　河南南阳　石

钟　东汉　河南南阳　石

钟　东汉　山东沂南　石

铙 东汉 河南邓县 石

铙 东汉 河南南阳 石

铙 东汉 河南南阳 石

铙 东汉 山东临沂吴白庄 石

铎 东汉 山东费县刘家疃 石

磬　东汉　江苏徐州铜山汉王　石　　　　　　磬　东汉　江苏徐州铜山汉王　石

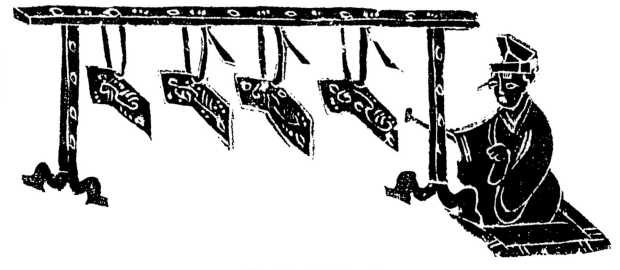

磬　东汉　山东沂南　石

孔子击磬　东汉　山东嘉祥武氏祠　石

埙　东汉　河南登封　石

埙　东汉　河南邓县　石

埙　东汉　河南唐河　石

埙　东汉　河南南阳　石

埙　东汉　河南南阳　石

埙　东汉　河南南阳　石

乐埙

埙　东汉　河南南阳　石　　　埙　东汉　山东滕州　石　　　埙　东汉　河南南阳　石

埙　东汉　河南南阳　石

埙　东汉　山东临沂吴白庄　石　　　埙　东汉　山东邹城　石

舞乐百业

鼙鼓　东汉　河南南阳　石

鼙鼓　东汉　河南南阳　石

乐

鼙鼓

鼙鼓　东汉　山东临沂吴白庄　石

 **搏拊** 东汉 安徽定远 石
 **搏拊** 东汉 安徽定远 石
 **搏拊** 东汉 山东邹城 石

 **搏拊** 东汉 河南永城 石
 **搏拊** 东汉 山东苍山 石

 **搏拊** 东汉 山东费县刘家疃 石
 **搏拊** 东汉 山东临沂吴白庄 石

搏拊 东汉 山东沂南北寨 石

搏拊 东汉 四川成都 砖

搏拊 东汉 四川邛崃 砖

乐 小鼓

小鼓　东汉　河南方城　石

小鼓　东汉　河南南阳　石

小鼓　东汉　河南南阳　石

小鼓　东汉　河南南阳　石

小鼓　东汉　河南南阳　石

小鼓　东汉　河南南阳　石

小鼓　东汉　河南南阳　石

小鼓　东汉　河南南阳　石

小鼓　东汉　河南南阳　石

小鼓　东汉　河南南阳　石

小鼓　东汉　河南南阳　石

小鼓　东汉　河南南阳　石

小鼓　东汉　河南南阳　石

小鼓　东汉　河南南阳　石

小鼓　东汉　河南南阳　石

乐 小鼓

小鼓　东汉　河南唐河　石

小鼓　东汉　河南唐河　砖

小鼓　东汉　河南新野　砖

小鼓　东汉　河南新野　砖

小鼓　东汉　河南新野　砖

小鼓　东汉　河南郑州　砖

乐

小鼓

小鼓　东汉　山东安丘王澍　石

小鼓　东汉　山东沂南　石

小鼓　东汉　山东临沂吴白庄　石

小鼓　东汉　河南郑州　砖

小鼓　东汉　山东　石

小鼓　东汉　山东邹城　石

小鼓　东汉　四川成都　石

鼗鼓　东汉　河南邓县　石

鼗鼓　东汉　河南南阳　石

鼗鼓　东汉　河南新野　砖

乐
鼗鼓

鼗鼓　东汉　河南南阳　石

鼗鼓　东汉　河南南阳　石

鼗鼓　东汉　河南南阳　石

鼗鼓　东汉　河南南阳　石

鼗鼓　东汉　河南邓县　石

鼗鼓　新莽　河南唐河　石

鼗鼓　东汉　河南南阳　石

鼗鼓　东汉　河南南阳　石

鼗鼓　东汉　河南唐河　石

鼗鼓　东汉　河南新野　砖

鼗鼓　东汉　山东嘉祥　石

乐
鼗鼓

鼗鼓　东汉　河南南阳邢营　石

鼗鼓　东汉　江苏徐州铜山汉王　石

鼗鼓　东汉　山东嘉祥　石

琴　东汉阳嘉三年（134）　安徽灵璧　石

琴　东汉熹平三年（174）　安徽灵璧　石

琴　东汉　河南邓县　石

琴　东汉　河南南阳　石

琴　东汉　河南南阳　石

琴　东汉　河南唐河　石

琴　东汉　河南新野　砖

乐 琴与瑟

琴 东汉 河南新野 砖

琴 东汉 江苏邳州占城 石

琴 东汉 江苏徐州铜山汉王 石

琴 东汉 山东济宁 石

琴 东汉 山东滕州 石

琴 东汉 山东滕州 石

琴　东汉　山东汶上　石

琴　东汉　山东沂水韩家曲　石

琴　东汉　四川邛崃　砖

琴　东汉　四川眉山　石

琴　东汉　四川新都　砖

瑟　东汉　河南南阳　石

乐 琴与瑟

瑟 东汉 河南南阳 石

瑟 东汉 河南南阳 石

瑟 东汉 河南唐河 石

瑟 东汉 河南新野 砖

瑟 东汉 江苏徐州 石

瑟 东汉 江苏徐州 石

瑟　东汉　山东嘉祥　石

瑟　东汉　山东嘉祥　石

瑟　东汉　山东嘉祥　石

瑟　东汉　山东嘉祥　石

瑟　东汉　山东临沂吴白庄　石

瑟　东汉　山东微山　石

乐 琴与瑟

瑟 东汉 山东沂南 石

瑟 东汉 山东枣庄 石

瑟 东汉 山东邹城 石

瑟 东汉 陕西子洲 石

瑟 东汉 四川新都 砖

瑟 东汉 四川什邡 砖

瑟　东汉　四川成都　砖

瑟　东汉　四川广汉新平罗家包　砖

瑟　东汉　四川彭州义和　砖

瑟　东汉　四川新都　石

瑟　东汉　四川梓潼　砖

筝　东汉建宁四年（171）安徽宿县褚兰墓山孜　石

筝　东汉熹平三年（174）安徽灵璧　石

乐 筝

筝　东汉　江苏徐州贾汪白集　石

筝　东汉　江苏徐州铜山汉王　石

筝　东汉　山东临沂　石

筝　东汉　四川新都　砖

筝　东汉　山东沂水　石

筝　东汉　四川成都　石

筝　东汉　陕西神木　石

乐筑

筑　东汉　河南唐河　砖

筑　东汉　河南新野　砖

筑　东汉　河南新野　砖

琵琶 东汉 四川乐山虎头湾 石

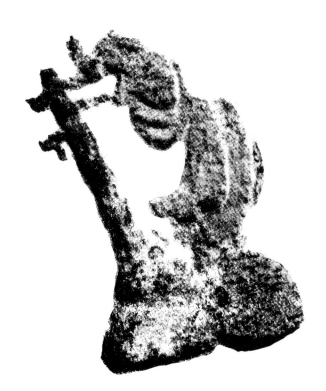

琵琶 东汉 四川彭州 砖

乐竽

竽　新莽　河南唐河新店　石

竽　东汉阳嘉三年（134）　安徽灵璧　石

竽　东汉　河南新野　砖

竽　东汉　江苏睢宁　石

竽　东汉　山东嘉祥　石

竽　东汉　河南唐河　砖

竽　东汉　江苏徐州铜山汉王　石

舞乐百业

乐
筝

筝　东汉　山东邹城　石

筝　东汉　山东邹城　石

筝　东汉　安徽灵璧　石

筝　东汉　河南南阳　石

筝　东汉　江苏徐州铜山汉王　石

筝　东汉　江苏徐州铜山汉王　石

竽　东汉　江苏徐州铜山苗山　石

竽　东汉　山东临沂吴白庄　石

竽　东汉　山东　石

竽　东汉　山东微山两城　石

竽　东汉　山东汶上　石

竽　东汉　山东沂南　石

舞乐百业

筝　东汉　山东邹城　石

筝　东汉　山东邹城郭里高李　石

乐
筝

筝　东汉　四川广汉新平罗家包　砖

筝　东汉　四川彭州义和　砖

筝　东汉　四川彭州　砖

筝　东汉　四川新都　砖

笙 东汉 河南南阳 石

笙 东汉 四川新都 砖

乐
笙

笙 东汉 山东苍山 石

笙 东汉 山东苍山城前 石

笙 东汉 江苏徐州铜山汉王 石

排箫　东汉　河南邓县　石

排箫　东汉　河南南阳　石

排箫　东汉　河南南阳　石

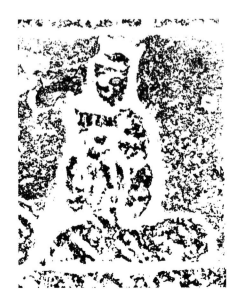

排箫　东汉　安徽淮北北山　石

排箫　东汉　河南南阳　石

排箫 东汉 河南南阳 石

排箫 东汉 河南南阳 石

排箫 东汉 河南南阳 石

排箫 东汉 河南南阳 石

排箫 东汉 河南南阳 石

排箫　东汉　河南南阳　石

排箫　东汉　河南南阳　石

排箫　东汉　河南南阳　石

排箫　东汉　河南南阳　石

排箫　东汉　河南南阳　石

排箫　东汉　河南唐河　石

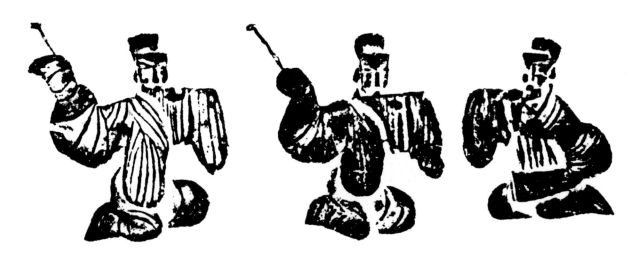

排箫　东汉　河南新野　砖

排箫　东汉　河南新野　砖

排箫　东汉　江苏邳州　石

排箫　东汉　江苏徐州　石

乐 排箫

排箫　东汉　江苏徐州铜山苗山　石

排箫　东汉　山东苍山　石

排箫　东汉　山东费县刘家疃　石

排箫　东汉　山东嘉祥　石

排箫　东汉　山东嘉祥　石

排箫　东汉　山东嘉祥　石

排箫　东汉　山东微山两城　石

排箫 东汉 山东沂水韩家曲 石

排箫 东汉 山东临沂吴白庄 石

排箫 东汉 山东邹城 石

排箫 东汉 山东兖州 石

排箫 东汉 山东兖州 石

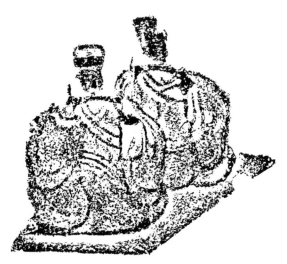
排箫 东汉 四川大邑安仁 砖

乐 笛

笛　东汉　安徽定远　石　　　　笛　东汉　安徽淮北北山　石　　　笛　东汉　河南登封　石

笛　东汉　河南南阳　石　　　　笛　东汉　江苏邳州占城　石　　　笛　东汉　山东济宁　石

笛　东汉　山东嘉祥　石　　　　笛　东汉　山东　石　　　　　　笛　东汉　山东微山两城　石

笛　东汉　山东邹城　石　　　笛　东汉　四川邛崃　砖　　　笛　东汉　山东滕州　石

笛　东汉　四川内江　石　　　　　　　笛　东汉　重庆璧山　石

笛　东汉　四川中江　石　　　　　　　笛　东汉　陕西神木　石

胡笛 东汉 河南郑州 砖

胡笛 东汉 四川合江 石

乐

胡笛与篪

胡笛 东汉 江苏徐州铜山苗山 石

篪 东汉 山东肥城 石

筑　东汉　江苏邳州　石

筑　东汉　江苏徐州贾汪青山泉　石

筑　东汉　山东安丘董家庄　石

筑　东汉　山东沂南北寨　石

筑　东汉　山东安丘王澍　石

筑　东汉　山东　石

筑　东汉　山东招远界河　石

筑　东汉　四川新都　砖

筑　东汉　四川德阳柏隆　砖

筑　东汉　四川彭州义和　砖

舞乐百业

乐 筑与筇

筑 东汉 四川彭州义和 砖

筑 东汉 四川郫县 砖

筑 东汉 山东嘉祥武氏祠 石

筇 东汉 山东沂南北寨 石

筇 东汉 山东沂南北寨 石

笳　东汉　河南唐河湖阳新店　石

笳　东汉　山东苍山城前　石

笳　东汉　山东费县刘家疃　石

笳　东汉　山东益都　石

笳　东汉　山东　石

夯杵 东汉 山东沂南北寨 石

夯杵 东汉 四川彭州太平 砖

舞乐百业

乐 夯杵与舂牍

中国汉画大图典

乐

夯杵与舂牍

舂牍　东汉　山东沂南　石

舂牍　东汉　四川泸州　石

舂牍　东汉　山东邹城黄路屯　石

拊耳咏歌　东汉　河南南阳王寨　石

拊耳咏歌　东汉　四川新都　砖

拊耳咏歌　东汉　四川彭州义和　砖

拊耳咏歌　东汉　四川邛崃　砖

拊耳咏歌　东汉　四川新都　砖

拊耳歌唱　东汉　四川成都　砖

拊掌咏歌　东汉　河南南阳军帐营　石

拊掌咏歌　东汉　河南南阳石桥　石

拊掌咏歌　东汉　山东安丘王澍　石

拊掌咏歌　东汉　山东费县刘家疃　石

拊掌咏歌　东汉　山东嘉祥　石

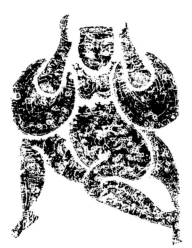
拊掌咏歌　东汉　山东临沂　石

拊掌咏歌　东汉　山东微山两城　石　　　　　　**拊掌咏歌**　新莽至东汉　山东曲阜东安汉里　石

拊掌咏歌　东汉　江苏徐州铜山苗山　石　　　　**拊掌咏歌者**　东汉　山东嘉祥　石

拊掌咏歌　东汉　四川　砖　　　　　　　　　　**拊掌咏歌**　东汉　四川　砖

乐 咏歌与拊掌

拊掌击节 东汉 山东嘉祥武氏祠 石

拊掌咏歌 新莽至东汉 山东曲阜 石

鼓瑟与拊掌咏歌 东汉 江苏徐州贾汪白集 石

击搏拊者与和歌者 东汉 山东费县刘家疃 石

鼓瑟与拊掌咏歌 东汉 山东临沂吴白庄 石

拊掌和歌　新莽至东汉早期　山东曲阜东安汉里　石　　　　**拊掌咏歌者**　东汉　河南南阳西郊　石

拊掌和歌　东汉　山东微山　石　　　　**鼓琴与拊掌和歌**　东汉　陕西子洲　石

咏歌者　东汉　山东微山　石

乐

骑吹与驼鼓

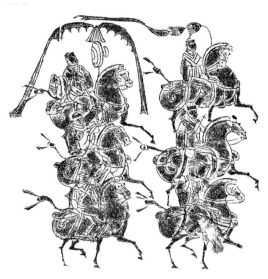
骑吹　东汉　四川成都羊子山　砖

骑吹　东汉　四川成都青杠坡　砖

骑吹　东汉　四川大邑　砖

骑吹　东汉　四川新都　砖

驼鼓　东汉　四川成都　砖

驼鼓　东汉　四川新都　砖

骑吹　东汉　四川成都羊子山　石

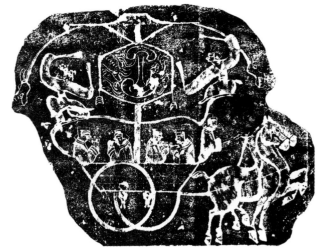
箫鼓　东汉　山东长清孝堂山　石

箫鼓　东汉　山东沂南北寨　石

小船载乐　东汉　山东滕州　石

百戏 百戏场景

百戏场景　东汉　河南永城　石

百戏场景　东汉　江苏徐州　石

百戏场景　东汉　江苏徐州　石

百戏场景　东汉　江苏徐州茅村　石

百戏场景　东汉　江苏徐州　石

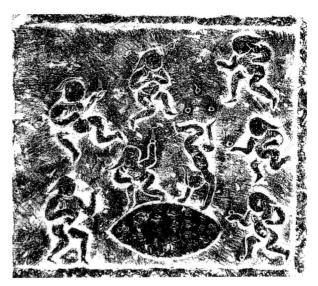
百戏场景　东汉　山东济宁　石

百戏场景　东汉　山东安丘　石

百戏场景　东汉　山东滕州　石

百戏

百戏场景

百戏场景　东汉　山东邹城　石

百戏场景　东汉　山东邹城　石

百戏场景　东汉　四川长宁　石

百戏场景　东汉　四川德阳黄许　砖

百戏场景　东汉　山东滕州　石

百戏场景　东汉　四川广汉　砖

百戏场景　东汉　四川广汉　砖

百戏场景　东汉　四川泸州纳溪　石

百戏场景　东汉　四川郫县　石

百戏

百戏场景

百戏场景　东汉　四川宜宾　石

百戏场景　东汉　重庆璧山　石

百戏场景　东汉　浙江海宁　石

徒手互搏　东汉建宁四年(171)
安徽宿县褚兰墓山孜　石

徒手搏击　东汉　河南南阳　石

徒手互搏　东汉　河南郑州　砖

徒手互搏　东汉　山东嘉祥　石

徒手互搏　东汉　山东滕州西户口　石

徒手互搏　东汉　陕西神木　石

徒手互搏（摔跤）　东汉　陕西绥德　石

徒手搏械　东汉　河南郑州　砖

百戏　角抵　徒手互搏　徒手搏械

徒手搏械　东汉　河南邓县　砖

徒手搏械　东汉　河南南阳　石

徒手搏械　东汉　河南南阳　石

徒手搏械　东汉　河南南阳靳岗　石

徒手搏械　东汉　河南南阳麒麟岗　石

徒手搏械　东汉　河南南阳麒麟岗　石

徒手搏械　东汉　河南南阳石桥　石

徒手搏械　东汉　河南南阳石桥　石

徒手搏械　东汉　陕西绥德　石

徒手搏械　东汉　江苏徐州铜山　石

百戏

角抵

徒手搏械

徒手搏械　东汉　山东金乡　石

徒手搏械　东汉　陕西子洲　石

技击　东汉　安徽定远　石

技击　东汉　河南新野　砖

技击　东汉　河南郑州　砖

技击　东汉　河南郑州　砖

技击　东汉　河南南阳杨官寺　石

百戏 角抵 技击

技击 东汉 河南郑州 砖

技击 东汉建宁四年（171） 安徽宿县褚兰墓山孜 石

技击 东汉 江苏徐州贾汪 石

技击 东汉 江苏徐州 石

技击 东汉 江苏徐州 石

技击 东汉 江苏徐州铜山 石

技击 东汉 山东嘉祥 石

技击 东汉 山东嘉祥 石

舞乐百业

技击　东汉　山东嘉祥　石

技击　东汉　山东嘉祥　石

技击　东汉　山东嘉祥　石

技击　东汉　山东嘉祥　石

百戏　角抵　技击

技击　东汉　山东嘉祥　石

技击　东汉　山东嘉祥　石

技击　东汉　山东滕州　石

技击　东汉　山东滕州　石

百戏 角抵 技击

技击　东汉　山东滕州　石

技击　东汉　山东微山两城　石

技击　东汉　山东滕州龙阳店　石

技击　东汉　山东微山　石

技击　东汉　山东微山两城　石

技击　东汉　山东邹城　石

技击　东汉　山东邹城　石

技击　东汉　山东邹城　石

技击　东汉　陕西靖边　石

百戏

角抵

技击

技击　东汉　陕西神木　石

技击　东汉　陕西绥德　石

技击　东汉　陕西绥德　石

技击　东汉　陕西绥德　石

技击　东汉　陕西绥德　石

技击　东汉　四川新津　石

百戏　角抵　技击

技击　西汉　山东邹城　石

技击　东汉　重庆璧山　石

技击　西汉　山东金乡　石

技击 新莽至东汉 山东曲阜东安汉里 石

舞乐百业

技击　西汉　山东邹城　石

百戏 | 角抵　技击　斗兽

技击　西汉　山东邹城　石

搏牛　东汉　山东嘉祥武氏祠　石

搏牛　东汉　山东滕州大郭　石

搏牛　东汉　河南郑州　砖

搏牛　东汉　河南唐河　石

搏兕　东汉　河南南阳　石

搏兕　东汉　河南南阳　石

搏兕　东汉　河南南阳　石

斗兽　东汉　河南南阳　石

搏兕　东汉　河南南阳　石

搏熊　东汉　河南南阳　石

搏牛　东汉　河南南阳　石

搏猪　东汉　山东嘉祥武氏祠　石

百戏 角抵 斗兽

刺虎　东汉　河南郑州　砖

刺虎　东汉　河南南阳　石

刺虎　东汉　河南郑州　砖

刺虎　东汉　河南郑州　砖

斗虎　东汉　山东临沂　石

斗虎　东汉　山东邹城黄路屯　石

斗虎　东汉　河南南阳　石

斗虎　东汉　河南南阳　石

百戏 角抵 斗兽 戏兽

斗虎　东汉　河南方城　石

斗虎　东汉　河南南阳　石

戏兽　东汉　河南南阳　石

戏兽　东汉　河南南阳　石

戏兽　东汉　河南南阳　石

戏兽　东汉　河南南阳　石

戏兽　东汉　河南南阳　石

戏兽　东汉　河南南阳　石

戏兽　东汉　河南南阳　石

百戏 角抵 戏兽

戏兽　东汉　河南南阳　石

戏兽　东汉　河南南阳　石

戏兽　东汉　河南南阳　石

戏兽　东汉　河南南阳　石

戏兽　东汉　河南南阳　石

戏兽　东汉　河南南阳　石

戏兽　东汉　河南南阳　石

戏兽　东汉　河南南阳　石

戏兽　东汉　河南南阳　石

戏兽　东汉　河南南阳　石

戏兽　东汉　河南南阳　石

戏兽　东汉　河南南阳　石

百戏 角抵 戏兽

戏兽　东汉　河南南阳　石

戏兽　东汉　河南南阳　石

戏兽　东汉　河南南阳　石

戏兽　东汉　河南南阳　石

戏兽　东汉　河南南阳　石

戏兽　东汉　河南南阳　石

戏兽　东汉　河南唐河　石

戏兽　东汉　河南新野　砖

戏兽　东汉　河南新野　砖

戏兽　东汉　河南新郑　砖

百戏 角抵 戏兽

戏兽　东汉　河南郑州　砖

戏兽　东汉　河南郑州　砖

戏兽　东汉　河南郑州　砖

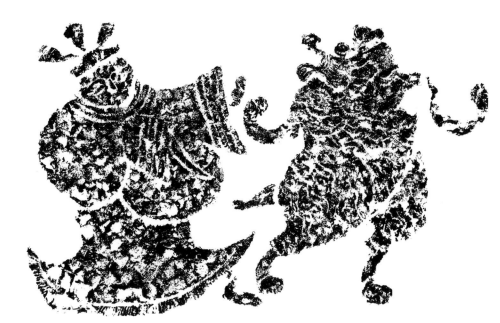

戏兽　东汉　山东邹城　石

舞弄龙蛇　东汉　山东平阴孟庄　石

戏兽　东汉　山东平阴孟庄　石

百戏　角抵　戏兽

戏兽　东汉　山东平阴孟庄　石

戏兽　东汉　山东平阴孟庄　石

戏兽　东汉　山东平阴孟庄　石

百戏　角抵　戏兽

戏猿　东汉　四川新津　石

戏猿　东汉　四川新津　石

戏兽　西汉　河南唐河　石　　　　　　戏兽　西汉　河南唐河　石

百戏 角抵 戏兽

舞蛇　东汉　山东费县刘家疃　石　　　舞蛇　东汉　山东费县刘家疃　石

舞蛇　东汉　山东嘉祥　石　　　　　　舞蛇　东汉　山东平阴孟庄　石

豹戏　东汉　山东沂南北寨　石　　　　　　鱼戏　东汉　山东沂南北寨　石

百戏

鱼龙漫衍

鱼戏　东汉　江苏徐州铜山洪楼　石

大雀戏　东汉　山东沂南北寨　石　　　　　　执物戏　东汉　山东邹城郭里高李　石

百戏 鱼龙漫衍

龙戏　东汉　山东沂南北寨　石

漫衍之戏　东汉　四川郫县新胜　石

逐疫人物　东汉　徐州　石

吐火幻戏　东汉　河南南阳王寨　石

虎戏　东汉　江苏徐州铜山洪楼　石

叠人　东汉　山东邹城　石

百戏 叠人叠案

叠人　东汉　山东嘉祥　石

六层叠案倒立　东汉　四川德阳黄许　砖

九层叠案倒立　东汉　四川郫县　石　　　　七层叠案倒立　东汉　四川广汉　砖

百戏 叠人叠案

十二层叠案倒立　东汉　四川彭州太平　砖

十一层叠案倒立　东汉　四川长宁　石

谐戏　东汉　河南邓县　石

谐戏　东汉　河南南阳　石

谐戏　东汉　河南南阳　石

谐戏　东汉　河南南阳　石

谐戏　东汉　河南南阳　石

谐戏　东汉　河南南阳　石

百戏 谐戏

谐戏 东汉 河南南阳 石

谐戏 东汉 河南南阳 石

谐戏 东汉 河南南阳 石

谐戏 东汉 河南南阳 石

谐戏 东汉 河南南阳 石

谐戏 东汉 河南南阳石桥 石

谐戏 东汉 河南南阳 石

谐戏 东汉 河南南阳王寨 石

谐戏　东汉　河南西华　砖

谐戏　东汉　河南西华　砖

谐戏　东汉　河南西华　砖

谐戏　东汉　河南西华　砖

谐戏　东汉　河南新野　石

谐戏　东汉　河南新野　砖

谐戏　东汉　河南新野　砖

百戏 谐戏

谐戏　东汉　河南新野　砖

谐戏　东汉　河南新野　砖

谐戏　东汉　河南新野　砖

谐戏　东汉　四川新都　砖

谐戏　东汉　四川彭山　砖

谐戏　东汉　四川德阳　砖

象人　东汉　四川富顺　石　　　　　　　　　象人　东汉　四川富顺　石

象人之戏　东汉　四川新津　石

百戏　象人之戏

戴面具女　东汉　四川新津　石　　　　　　素面女　东汉　四川新津　石

中国汉画大图典

倒立 东汉 河南邓县 石

倒立 东汉 河南邓县 石

倒立 东汉 河南方城 石

百戏 | 倒立

倒立 东汉 河南邓县 石

倒立 东汉 河南南阳 石

倒立 东汉 河南南阳 石

倒立 东汉 河南南阳 石

舞乐百业

百戏 倒立

倒立　东汉　河南南阳　石

倒立　东汉　河南南阳　石

倒立　东汉　河南南阳　石

倒立　东汉　河南南阳　石

倒立　东汉　河南南阳　石

倒立　东汉　河南南阳　石

倒立　东汉　河南南阳　石

倒立　东汉　河南南阳　石

倒立　东汉　河南南阳　石

193

百戏 倒立

倒立　东汉　河南南阳　石

倒立　东汉　河南南阳　石

倒立　东汉　河南南阳　石

倒立　东汉　河南唐河　石

倒立　东汉　河南唐河　石

倒立　东汉　河南唐河　石

倒立　东汉　河南唐河　石

倒立　东汉　河南新野　砖

倒立　东汉　河南永城　石

倒立　东汉　江苏邳州　石　　　　倒立　东汉　江苏睢宁双沟　石　　　　倒立　东汉　江苏徐州　石

倒立　东汉　江苏徐州铜山汉王　石　　倒立　东汉　江苏徐州铜山汉王　石　　倒立　东汉　江苏徐州　石

倒立　东汉　山东济宁　石　　　　倒立　东汉　山东嘉祥　石　　　　倒立　东汉　山东嘉祥　石

百戏 倒立

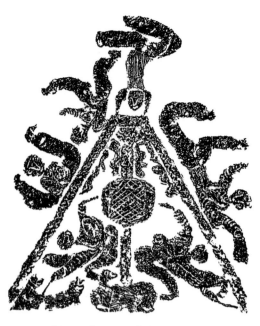
倒立　东汉　江苏徐州　石

倒立　东汉　山东苍山　石

倒立　东汉　山东济宁　石

倒立　东汉　山东嘉祥　石

倒立　东汉　山东嘉祥　石

倒立 东汉 山东莒县 石

倒立 东汉 山东临沂吴白庄 石

倒立 东汉 山东临沂吴白庄 石

倒立 东汉 山东临沂吴白庄 石

倒立 东汉 山东滕州 石

百戏
倒立

倒立 东汉 山东滕州 石

倒立 东汉 山东滕州 石

倒立 东汉 山东微山 石

倒立 东汉 山东微山 石

倒立 东汉 山东微山 石

倒立 东汉 山东微山 石

倒立 东汉 山东沂水韩家曲 石

倒立 东汉 山东沂水韩家曲 石

倒立 东汉 山东枣庄 石

倒立 东汉 山东邹城 石

倒立 东汉 山东邹城 石

百戏 倒立

倒立　东汉　山东邹城　石

倒立　东汉　四川成都　石

倒立　东汉　四川成都　石

倒立　东汉　四川泸州　石

倒立　东汉　四川宜宾　石

倒立　东汉　重庆永川　石

百戏 跳剑与跳丸

跳剑　东汉　山东沂南　石

跳剑　东汉　四川长宁　石

跳剑　东汉　四川广汉　砖

跳剑　东汉　四川邛崃　砖

百戏 跳剑与跳丸

跳剑　东汉　四川泸州　石

跳剑　东汉　四川成都　石

跳剑　东汉　四川宜宾　石

跳丸　东汉熹平三年（174）　安徽灵璧　石

跳丸　东汉　河南南阳　石

跳丸　东汉　河南唐河　石

跳丸　东汉建宁四年（171）
安徽宿县褚兰墓山孜　石

跳丸　东汉　江苏徐州　石

跳丸　东汉　江苏徐州　石

跳丸　东汉　江苏徐州　石

跳丸　东汉　江苏徐州铜山汉王　石

跳丸　东汉　山东安丘王澍　石

中国汉画大图典

百戏 跳剑与跳丸

跳丸　东汉　山东苍山　石

跳丸　东汉　山东济宁　石

跳丸　东汉　山东长清孝堂山　石

跳丸　东汉　山东长清孝堂山　石

跳丸　东汉　山东济宁　石

跳丸　东汉　山东嘉祥　石

跳丸　东汉　山东　石

跳丸　东汉　山东滕州　石

跳丸　东汉　山东微山　石

跳丸　东汉　山东微山　石

跳丸　东汉　山东微山　石

跳丸　东汉　山东微山　石

跳丸　东汉　山东微山　石

百戏 跳剑与跳丸

跳丸　东汉　山东沂水韩家曲　石

跳丸　东汉　陕西绥德　石

跳丸　东汉　四川长宁　石

跳丸　东汉　四川长宁　石

跳丸　东汉　四川成都　石

跳丸　东汉　四川大邑安仁　砖

跳丸　东汉　四川广汉　砖

跳丸　东汉　四川广汉　砖

舞乐百业

百戏 跳剑与跳丸

跳丸　东汉　四川泸州　石

跳丸　东汉　四川彭州太平　砖

跳丸　东汉　四川彭州　砖

跳丸　东汉　四川彭州　砖

跳丸　东汉　四川邛崃　砖

中国汉画大图典

百戏 跳剑与跳丸

跳丸　东汉　四川宜宾　石

跳丸　东汉　四川宜宾　石

跳丸　东汉　重庆永川　石

跳剑跳丸　东汉　河南南阳　石

跳剑跳丸　东汉　河南南阳　石

跳剑跳丸　东汉　山东安丘　石

高絙　东汉　山东沂南　石

高絙　东汉　山东邹城　石

高絙　西汉　山东微山　石

百戏 高絙

高絙　东汉　山东邹城　石

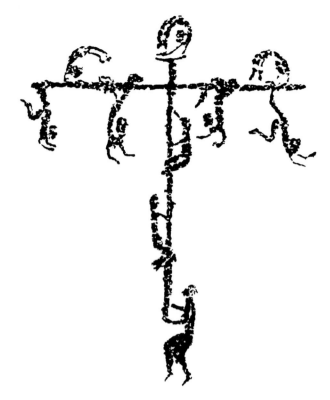

寻橦　东汉　山东安丘董家庄　石

寻橦　东汉　山东沂南北寨　石

弄瓶　东汉　河南南阳　石

弄瓶　东汉　河南南阳　石

弄瓶　东汉　河南南阳　石

弄瓶　东汉　河南南阳　石

弄瓶　东汉　河南南阳　石

弄瓶　东汉　四川广汉　砖

弄瓶　东汉　四川大邑安仁　砖

弄瓶跳丸　东汉　河南南阳　石

冲狭　东汉　河南南阳　石

冲狭　东汉　四川德阳　砖

百戏 冲狭

冲狭　东汉　四川长宁　石

冲狭　东汉　四川宜宾　石

舞乐百业

百戏 旋盘与旋球

旋盘 东汉 河南永城 石

旋盘 东汉 四川长宁 石

旋盘 东汉 四川成都 石

旋盘 东汉 四川郫县 石

旋盘 东汉 四川纳溪 石

旋盘 东汉 四川郫县 石

旋球 东汉 江苏徐州 石

213

马术　东汉　河南登封　石

马术　东汉　河南登封　石　　　　　　　马术　东汉　河南新郑　砖

马术　东汉　山东滕州万庄　石　　　　　马术　东汉　山东滕州西户口　石

马术　东汉　山东沂南北寨　石

马术　东汉　山东沂南北寨　石

平索戏车　东汉　河南新野　砖

平索戏车（局部）　东汉　河南新野　砖

百戏 马术

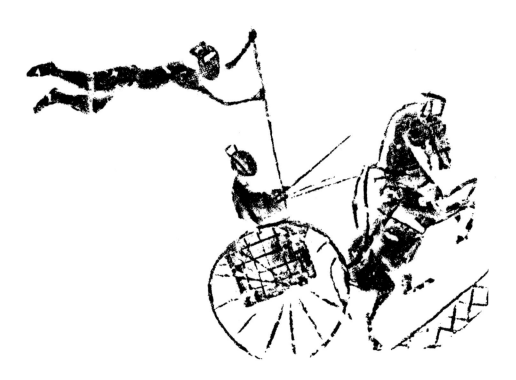

平索戏车（局部） 东汉 河南新野 砖

平索戏车（局部） 东汉 河南新野 砖

双索戏车　东汉　河南新野　砖

双索戏车（局部）　东汉　河南新野　砖

中国汉画大图典

百戏 马术

斜索戏车 东汉 河南新野 砖

百业

舞乐百业

士 习经

榜题 论经 东汉 元初四年（117） 四川广汉 砖

榜题 刘燕□官□□晨等 东汉 山东历城黄台山 石

辩经 东汉 山东临沂吴白庄 石

求教　东汉　江苏睢宁九女墩　石

求教　东汉　安徽宿州　石

习经　东汉　四川成都　砖

习经（局部）　东汉　四川成都　砖

习经（局部） 东汉 四川成都 砖

习经（局部） 东汉 四川成都 砖

习经（局部） 东汉 四川成都 砖

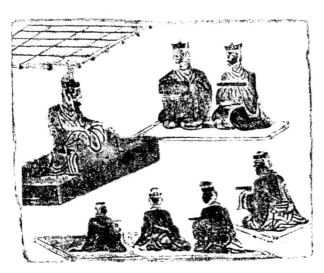
习经 东汉 四川成都 砖

习经 东汉 四川成都羊子山 砖

习经　东汉　四川德阳略坪　砖

习经　东汉　山东诸城　石

习经　东汉　安徽宿县褚兰　石

庠序　东汉　四川广汉东南　砖

习经 东汉 四川德阳柏隆 砖

习经 东汉 四川彭州太平 砖

习经 东汉 四川什邡 砖

争辩　东汉　山东滕州西户口　石

争辩　东汉　山东滕州西户口　石

争辩　东汉　山东滕州西户口　石

争辩　东汉　山东滕州大郭　石

榜题 牛君 牛君狩猎（局部） 东汉 陕西米脂 石

牛君狩猎（局部） 东汉 陕西米脂 石

牛君狩猎（局部） 东汉 陕西米脂 石

牛君狩猎（局部） 东汉 陕西米脂 石

行猎场景 东汉 山东苍山前姚 石

行猎场景 东汉 山东临沂 石

行猎场景 东汉 四川新津 石

榜题　**牛君狩猎**　东汉　陕西米脂　石

行猎场景　东汉　江苏徐州缪宇墓　石

行猎场景 东汉 陕西绥德 石

行猎场景 东汉 陕西绥德 石

持毕牵犬 东汉 山东长清孝堂山祠堂 石

持毕（局部） 东汉 山东长清孝堂山祠堂 石

行猎场景 东汉 安徽淮北 石

持毕与弩　东汉　山东微山两城　石

行猎场景　东汉　河南南阳　石

行猎场景　东汉　河南南阳　石

行猎场景　东汉　河南南阳　石

行猎场景　东汉　河南南阳　石

行猎场景　东汉　河南南阳　石

行猎场景　东汉　河南南阳　石

行猎场景　东汉　河南南阳　砖

行猎场景　东汉　河南新野　砖

行猎场景　东汉　河南新郑　砖

行猎场景　东汉　河南新郑　砖

十 行猎场景

行猎场景　东汉　河南新郑　砖

行猎场景　东汉　河南郑州　砖

行猎场景　东汉　河南郑州　砖

行猎场景　东汉　山东安丘董家庄　石

行猎场景　东汉　山东安丘　石

行猎场景　东汉　山东安丘　石

行猎场景　东汉　山东肥城　石

士 行猎 场景

行猎场景　东汉　山东费县　石

行猎场景　西汉　河南唐河针织厂　石

行猎场景　东汉　山东嘉祥　石

行猎场景　东汉　山东嘉祥　石

行猎场景　东汉　山东嘉祥　石

行猎场景　东汉　山东临沂　石

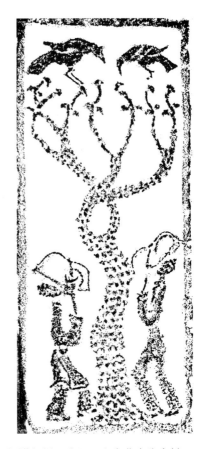

行猎场景　东汉　山东曲阜张家村　石

行猎场景　东汉　山东莒县　石

行猎场景　东汉　山东滕州龙阳店　石

行猎场景　东汉　山东滕州西户口　石

行猎场景　东汉　山东微山两城　石

行猎场景 东汉 山东微山 石

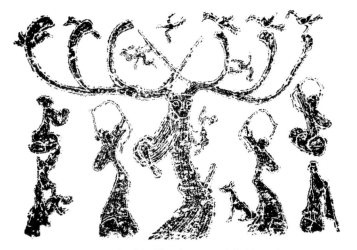
行猎场景 东汉 山东邹城 石

行猎场景 东汉 山东汶上 石

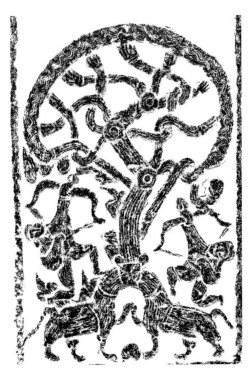
行猎场景 东汉 山东邹城 石

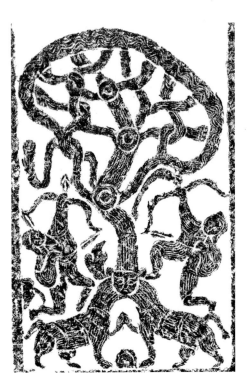
行猎场景 东汉 山东邹城 石

行猎场景　东汉　山东邹城　石

行猎场景　东汉　山东邹城　石

行猎场景　东汉　山东邹城　石

行猎场景　东汉　山东邹城　石

行猎场景　东汉　山西离石　石

行猎场景 东汉 山西离石 石

行猎场景 东汉 山西柳林 石

行猎场景 东汉 陕西靖边 石

行猎场景 东汉 陕西米脂 石

行猎场景　东汉　陕西米脂　石

行猎场景　东汉　陕西米脂　石

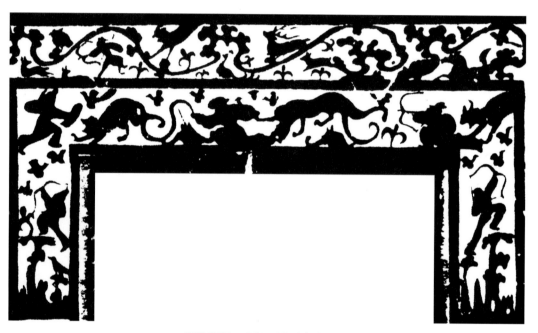

行猎场景　东汉　陕西米脂　石

行猎场景　东汉　陕西米脂　石

行猎场景　东汉　陕西米脂　石

行猎场景　东汉　陕西清涧　石

行猎场景　东汉　陕西清涧　石

行猎场景　东汉　陕西绥德　石

行猎场景　东汉　陕西绥德　石

行猎场景　东汉　陕西绥德　石

行猎场景 东汉 陕西绥德 石

行猎场景 东汉 陕西绥德 石

行猎场景 东汉 陕西绥德 石

行猎场景 东汉 陕西绥德 石

行猎场景 东汉 陕西绥德 石

行猎场景 东汉 陕西绥德 石

行猎场景 东汉 陕西绥德 石

行猎场景 东汉 陕西绥德 石

行猎场景　东汉　陕西绥德　石

行猎场景　东汉　陕西绥德　石

行猎场景

行猎场景　东汉　陕西绥德　石

行猎场景　东汉　陕西绥德　石

行猎场景　东汉　陕西绥德　石

行猎场景　东汉　陕西绥德　石

行猎场景　东汉　陕西绥德　石

行猎场景　东汉　陕西绥德　石

行猎场景　东汉　陕西绥德　石

行猎场景　东汉　陕西绥德　石

行猎场景　东汉　陕西绥德　石

行猎场景　东汉　陕西榆林　石

行猎场景　东汉　陕西榆林　石

行猎场景　东汉　陕西榆林　石

行猎场景　东汉　陕西榆林　石

行猎场景　东汉　陕西榆林　石

行猎场景　东汉　陕西榆林　石

行猎场景　东汉　陕西榆林　石

行猎场景　东汉　陕西榆林　石

行猎场景　东汉　四川德阳　砖

士

行猎

场景

行猎场景　东汉　四川德阳　砖（残）

行猎场景　东汉　四川广汉雒城　砖（残）

行猎场景　东汉　四川绵竹观鱼　砖

行猎场景　东汉　四川绵竹　砖

行猎场景　东汉　四川彭州义和　砖

射虎 东汉 江苏徐州缪宇墓 石

行猎 东汉 江苏徐州缪宇墓 石

行猎 东汉 江苏徐州缪宇墓 石

舞乐百业

猎虎　东汉　河南南阳　石

猎虎　东汉　河南南阳　石

士

行猎

猎兽

猎虎　东汉　安徽淮北　石

猎虎　东汉　河南南阳　石

猎虎　东汉　河南唐河　石

猎虎　东汉　河南郑州　砖

猎虎　东汉　河南郑州　砖

猎虎　东汉　河南郑州　砖

猎虎　东汉　河南郑州　砖

猎虎　东汉　河南郑州　砖

猎虎　东汉　山东平阴孟庄　石

猎虎　东汉　山东济宁城南张　石

猎虎　东汉　山东　石

猎虎　东汉　山东滕州官桥　石

猎虎　东汉　山东邹城黄路屯　石

猎虎　东汉　山东邹城　石

猎虎　东汉　陕西清涧　石

猎虎　东汉　陕西绥德　石

猎虎　东汉　陕西绥德　石　　　　　猎虎　东汉　陕西绥德　石

猎虎　西汉　河南唐河　石

士

行猎

猎兽

射虎　东汉　重庆合川　石

猎鹿　东汉　安徽淮北　石

猎鹿　东汉　河南新郑　砖

猎鹿　东汉　河南新郑　砖

猎鹿　东汉　河南新郑　砖

猎鹿　东汉　河南禹州　砖

猎鹿　东汉　河南郑州　砖

猎鹿　东汉　河南郑州　砖

猎鹿　东汉　山东安丘董家庄　石

猎鹿　东汉　陕西清涧　石

猎鹿　东汉　陕西绥德　石

猎鹿　东汉　陕西绥德　石

猎鹿　东汉　陕西绥德　石

猎羊　东汉　陕西绥德　石

猎鹿　东汉　陕西绥德　石

猎鹿　东汉　陕西绥德　石

猎鹿　东汉　陕西绥德　石

猎鹿　东汉　陕西绥德　石

猎牛　东汉　河南南阳　石

猎牛　东汉　陕西米脂　石

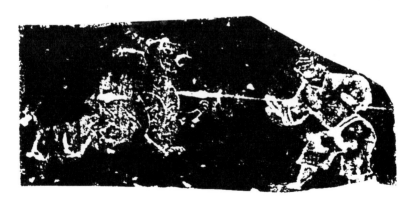

猎兽　东汉　山东济南　石

猎兽　东汉　陕西绥德　石

猎兔　东汉　河南新野　砖

猎兔 东汉 河南郑州 砖

猎兔 东汉 陕西绥德 石

猎犀 东汉 河南新郑 砖

猎熊 东汉 河南唐河 石

猎熊 东汉 陕西绥德 石

猎熊 东汉 山东济宁 石

猎熊　东汉　河南邓县　石

猎异兽　东汉　陕西绥德　石

猎猪　东汉　河南郑州　砖

猎猪　东汉　河南郑州　砖

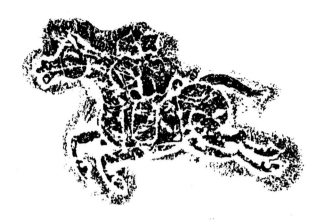

骑射　东汉　安徽淮北　石

骑射　东汉　河南郑州　砖

骑射　东汉　山西离石吴执仲墓　石

骑射　东汉　陕西绥德　石

骑射　东汉　河南　砖

骑射　东汉　河南新野　砖

骑射　东汉　陕西绥德　石

骑射　东汉　河南新野　砖

骑射　东汉　河南新野　砖

骑射　东汉　江苏徐州　石

骑射　东汉　河南新郑　砖

士

行猎

骑射

骑射　东汉　山东嘉祥　石

骑射　东汉　河南郑州　砖

骑射　东汉　河南南阳麒麟岗　石

骑射　东汉　河南　砖

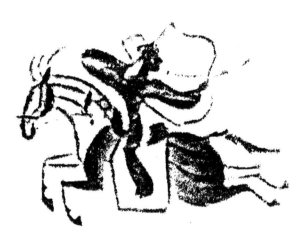
骑射　东汉　河南　砖

骑射　东汉　陕西榆林　石

士

行猎

骑射

骑射　东汉　陕西绥德　石

骑射　东汉　陕西绥德　石

士 / 行猎 / 骑射

骑射　东汉　河南郑州　砖

骑射　东汉　河南郑州　砖

骑射　东汉　山东苍山城前　石

骑射　东汉　山东滕州　石

骑射　东汉　河南唐河　石

骑射　东汉　山东滕州　石

骑射　西汉　河南洛阳　砖

骑射　东汉　河南　砖

骑射　东汉　河南新野　砖

骑射　东汉　河南　砖

骑射　东汉　河南新野　砖

骑射　东汉　河南　砖

骑射　东汉　山东滕州　石

士
行猎
骑射

骑射　东汉　陕西米脂　石

骑射　东汉　河南郑州　砖

骑射　东汉　河南新野　砖

骑射　东汉　陕西绥德　石

骑射　东汉　山东邹城　石

骑射　东汉　河南郑州　砖

骑射　东汉　河南新野　砖

骑射　东汉　河南新野　砖

骑射　东汉　河南新野　砖

中国汉画大图典

骑射　东汉　河南南阳　砖

骑射　东汉　江苏徐州缪宇墓　石

士
行猎
骑射

行猎骑士　东汉　江苏徐州缪宇墓　石

立射　东汉　河南郑州　砖

跪射　西汉　河南洛阳　砖

跪射　西汉　河南宜阳　砖

跪射　西汉　河南洛阳　砖

士　行猎　立射与跪射

跪射　东汉　河南南阳　石

跪射　东汉　河南新郑　砖

跪射　东汉　山东长清孝堂山　石

跪射　东汉　山东邹城大故　石

立射　东汉　山东微山　石

立射 东汉 山东微山 石　　　　**立射** 东汉 山东微山 石　　　　**立射** 东汉 山东微山 石

立射 东汉 山东微山 石　　　　**立射** 东汉 山东曲阜 石

立射 东汉 江苏徐州 石　　　　**立射** 东汉 河南南阳 石

士

行猎

立射与跪射

立射　东汉　陕西榆林　石

立射　东汉　河南郑州　砖

立射　东汉　山东安丘　石

立射　东汉　山东费县刘家疃　石

立射　东汉　山东嘉祥　石

立射　东汉　山东微山　石

立射　东汉　陕西米脂　石

立射 东汉 山东曲阜 石

立射 东汉 四川彭州 砖

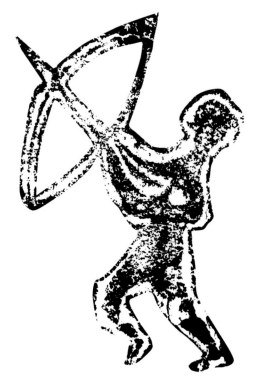

立射 东汉 重庆江津 石

立射 东汉 山东费县刘家疃 石

士

行猎

立射与跪射

士

行猎

立射与跪射

立射　东汉　山东滕州　石

立射　东汉　山东滕州　石

立射　东汉　河南唐河　石

立射　东汉　河南郑州　砖

立射　东汉　山东嘉祥　石

立射　东汉　陕西榆林　石

弋射（带工具鞴） 东汉 四川大邑 砖

弋射（带工具鞴） 东汉 四川什邡 砖

士
行猎
弋射

弋射 东汉 山东平邑南武阳皇圣卿阙 石

弋射　东汉　河南南阳　石

弋射　东汉　河南南阳　石

弋射　东汉　陕西榆林　石

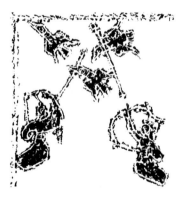

弋射　东汉　山东微山　石

弋射　东汉　山东邹城　石

弋射　东汉　山东泰安　石

弋射　东汉　四川广汉　砖

御鹰　东汉　陕西榆林　石

御鹰　东汉　陕西榆林　石

御鹰　东汉　山东济宁城南张　石

御鹰　东汉　山东微山两城　石

十 行猎 猎获

猎获　东汉　山东滕州　石

猎获　东汉　山东邹城　石

猎获　东汉　陕西绥德　石

猎获　东汉　河南新野　砖

猎获　东汉　河南新野　砖

猎获　东汉　河南新野　砖

猎获　东汉　四川新津　石

猎获　东汉　四川新津　石

猎获　东汉　四川新津　石

士　行猎　猎获

中国汉画大图典

兵器架　东汉　河南南阳　石

兵器架　东汉　河南南阳　石

士　尚武　兵器架

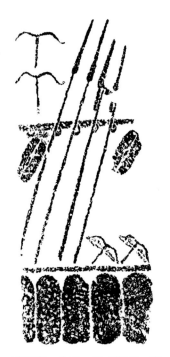
兵器架　东汉　河南唐河　石

兵器架　东汉　河南唐河　石

兵器架　东汉　河南唐河　石

兵器架 东汉 山东临沂 石

兵器架 东汉 山东沂南北寨 石

十
尚武
兵器架

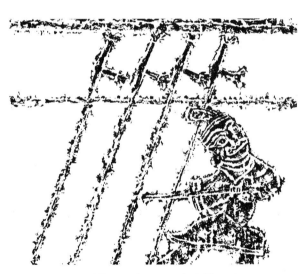
兵器架 东汉 山东嘉祥 石

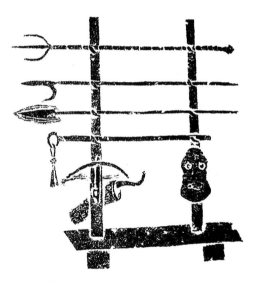
兵器架 东汉 四川成都曾家包 石

兵器架 东汉 山东邹城 石

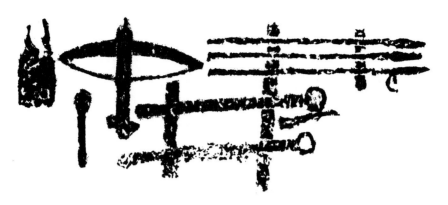
兵器架　东汉　四川中江　石

士 尚武 兵器架

兵器架　东汉　四川新都　砖

兵器架　东汉　山东滕州庄里　石

兵器架　东汉　山东滕州庄里　石

力士　东汉　江苏徐州　石

力士　东汉　山东滕州　石

力士　东汉　山东嘉祥武氏祠　石

士 尚武 武士

两武士 东汉 江苏徐州贾汪 石

两武士 东汉 山东邹城八里河 石

三武士 东汉 山东安丘董家庄 石

武士 东汉 河南南阳 石

武士 东汉 河南南阳 石

武士　东汉　河南南阳麒麟岗　石

武士　东汉　河南南阳麒麟岗　石

武士　东汉　河南方城　砖

武士　东汉　河南方城　砖

武士　东汉　河南淅川　砖

武士　东汉　河南唐河　石

士 尚武 武士

武士　西汉　河南唐河　石

武士　西汉　河南唐河　石

武士　西汉　河南唐河　石

武士　西汉　河南唐河　石

武士　东汉　河南新野　砖

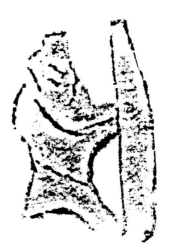

武士　东汉　河南郑州　砖

武士　东汉　河南郑州　砖

武士　东汉　江苏徐州　石

武士　东汉　江苏徐州　石

武士　东汉　山东费县刘家疃　石

武士　东汉　山东　石

武士　东汉　山东　石

武士　东汉　山东嘉祥　石

舞乐百业

士

尚武　武士

武士　东汉　山东滕州　石

武士　东汉　山东滕州　石

二武士　东汉　山东嘉祥武氏祠西阙　石

武士　东汉　山东微山　石

武士　东汉　山东微山　石

武士　东汉　山东滕州　石

武士　东汉　山东滕州　石

武士　东汉　山东滕州　石

武士　东汉　山东滕州西户口　石

武士　东汉　山东滕州西户口　石

武士　东汉　山东滕州西户口　石

武士　东汉　山东邹城　石

武士　东汉　山东邹城　石

武士　东汉　山东邹城八里河　石

武士　东汉　陕西绥德　石

武士　东汉　陕西绥德　石

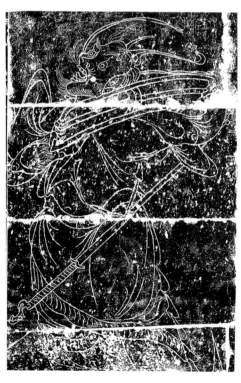
武士　东汉　安徽亳县十九里　石

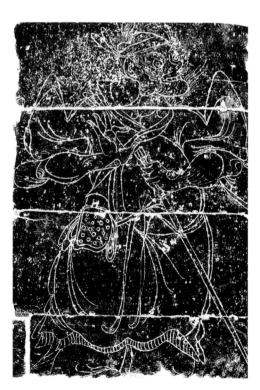
武士　东汉　安徽亳县十九里　石

拔树　东汉　江苏徐州　石

拔树　东汉　山东嘉祥武氏祠　石

拔树　东汉　山东滕州　石

搏熊　东汉　河南南阳麒麟岗　石

负重物 东汉 江苏徐州 石

负重物 东汉 江苏徐州 石

降虎 东汉 河南新野樊集 砖

负重物 东汉 山东嘉祥武氏祠 石

降虎　东汉　河南南阳　石

降虎　东汉　河南郑州　砖

降虎　东汉　河南郑州　砖

降虎　东汉　江苏徐州　石

降虎 东汉 山东临沂 石

降虎 东汉 山东滕州 石

降虎 东汉 河南新野 砖

降虎 西汉 河南洛阳 砖

降虎　新莽　河南唐河　石

举鼎　东汉　江苏徐州　石

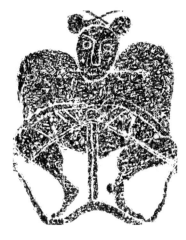

蹶张　东汉　河南南阳　石

蹶张　东汉　河南南阳　石

蹶张　东汉　河南南阳　石

蹶张 东汉 河南南阳 石

蹶张 东汉 河南南阳 石

蹶张 东汉 河南南阳 石

蹶张 东汉 河南南阳 石

蹶张 东汉 河南南阳 石

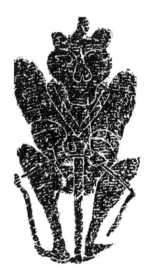
蹶张 东汉 河南南阳 石

蹶张 东汉 河南南阳 石

蹶张 东汉 河南南阳 石

蹶张 东汉 河南南阳 石

舞乐百业

蹴张　东汉　河南南阳　石　　蹴张　东汉　河南南阳　石　　蹴张　东汉　河南南阳　石

蹴张　东汉　河南南阳　石　　蹴张　东汉　河南南阳　石　　蹴张　东汉　河南南阳　石

士　尚武　勇力

蹴张　东汉　河南南阳　石　　蹴张　东汉　河南南阳　石　　蹴张　东汉　河南南阳　石

蹶张　东汉　河南南阳　石

蹶张　东汉　河南南阳　石

蹶张　东汉　河南南阳　石

蹶张　东汉　河南南阳　石

蹶张　东汉　河南密县　砖

蹶张　东汉　河南唐河　石

蹶张　东汉　安徽萧县　石

蹶张　东汉　山东滕州龙阳店　石

蹶张　东汉　河南密县　砖

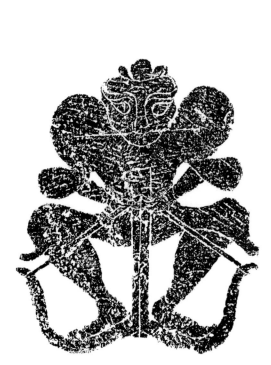

蹶张　东汉　河南唐河　石

蹶张　东汉　河南新野　砖

中国汉画大图典

蹶张 东汉 山东滕州西户口 石

蹶张 东汉 山东邹城 石

士 尚武 勇力

蹶张 东汉 山东滕州 石

托举 东汉 山东平阴孟庄 石

托举 东汉 山东平阴孟庄 石

榜题　**武阳尉良□丞**　东汉　山东滕州西户口　石

榜题　**博时尹元郎**　东汉　四川彭山　砖

土博戏

蹴鞠　东汉　河南方城　石

斗鸡　东汉　河南郑州　砖

斗鸡　东汉　河南南阳　石

斗牛　东汉　河南新郑　砖

六博　东汉　河南唐河　石

六博　东汉　江苏徐州　石

舞乐百业

六博　东汉　江苏徐州　石

士

博戏

六博　东汉　江苏徐州　石

六博　东汉　江苏徐州铜山台上　石

六博　东汉　江苏徐州　石

六博　东汉　江苏徐州　石

十 博戏

六博 东汉 江苏徐州 石

六博 东汉 山东嘉祥 石

六博 东汉 山东滕州 石

六博　东汉　山东枣庄　石

六博　东汉　陕西绥德　石

六博　东汉　四川成都土桥　砖

六博　东汉　四川新津　砖

投壶　东汉　河南南阳　石

士
博戏

投壶　东汉　陕西绥德　石

投壶　东汉　山东嘉祥　石

舞乐百业

六博　东汉　江苏沛县　石

六博　东汉　江苏邳州　石

六博　东汉　江苏睢宁　石

六博　东汉　江苏徐州白集　石

士
博戏

六博　东汉　江苏徐州凤凰山　石

六博　东汉　江苏徐州铜山　石

六博　东汉　江苏徐州铜山　石

六博　东汉　江苏徐州铜山　石

六博　东汉　江苏徐州铜山汉王　石

六博　东汉　山东嘉祥宋山　石

六博 东汉 山东滕州 石

六博 东汉 山东滕州西户口 石

宴饮博戏 东汉 山东嘉祥武氏祠 石

六博　东汉　四川德阳　砖

士博戏

六博　东汉　四川德阳　砖

六博　东汉　山东嘉祥　石

六博　东汉　山东微山　石

六博　东汉　山东微山　石

六博　东汉　山东邹城　石

安居 东汉 安徽宿州 石

士
燕居 安居

安居 东汉 江苏邳州 石

安居 东汉 江苏睢宁 石

安居 东汉 江苏徐州贾汪 石

安居 东汉 江苏徐州贾汪 石

安居　东汉　江苏徐州茅村　石

安居　东汉　江苏徐州铜山　石

安居　东汉　江苏徐州铜山　石

安居　东汉　江苏徐州铜山汉王　石

奉食　东汉　江苏徐州茅村　石

士 燕居 安居

安居　东汉　山东微山两城　石

安居　东汉　山东微山　石

奉食　东汉　四川大邑王泗　砖

观乐舞女眷　东汉　山东费县刘家疃　石

观乐舞　东汉　江苏徐州凤凰山　石

观乐舞　东汉　江苏徐州铜山汉王　石

观乐舞者　东汉　四川大邑安仁　砖

墓主人安居图　东汉　山东费县刘家疃　石

家眷（多子之家）　东汉　江苏徐州铜山　石

拜别　东汉　江苏徐州　石

墓主人安居图　东汉　山东微山两城　石

腰栏俯观者　东汉　山东费县刘家疃　石

墓主人安居图　东汉　山东诸城前凉台　石

男女主人安居图　东汉　山东安丘王封　石

男女主人像　东汉　山东安丘王澍　石

男主人　东汉　山东安丘王封　石

女主人　东汉　山东安丘王封　石　　　　男女主人安居图（局部）　东汉　山东安丘王封　石

女主人安居图　东汉　山东安丘王封　石

男女主人安居图（局部）　东汉　山东安丘王封　石

男女主人安居图（局部） 东汉 山东安丘王封 石

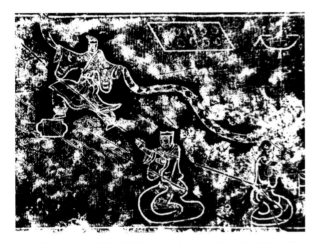

男女主人安居图（局部） 东汉 山东安丘王封 石

男女主人安居图（局部） 东汉 山东安丘王封 石

女眷（听琴） 东汉 山东济宁任城南张 石

女眷（观乐舞） 东汉 山东邹城高李 石

主仆 东汉 江苏徐州贾汪 石

主仆 东汉 四川彭山 砖

送别 东汉 四川渠县赵家坪 石

妻妾 东汉 安徽灵璧九顶 石

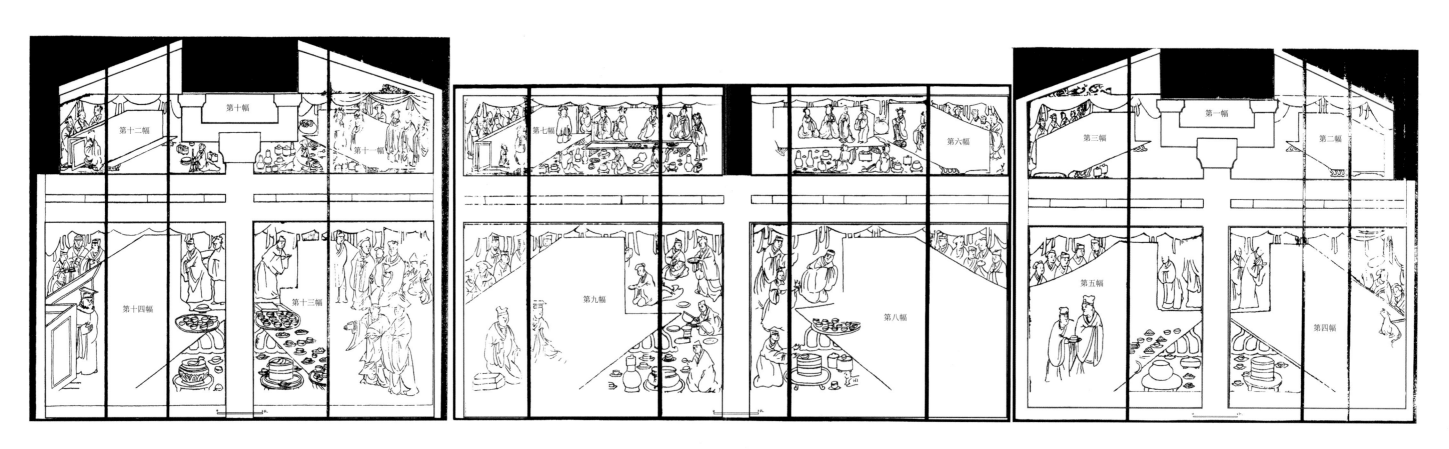

朱鲔安居图 东汉 山东金乡 石（此线描图采自蒋英炬等人著《朱鲔石室》）

天伦之乐　东汉　江苏徐州贾汪　石

照镜女　东汉　安徽灵璧九顶　石

照镜女　东汉　四川成都羊子山　石

照镜女　东汉　河南南阳　石

士 燕居 房中

交合 东汉 山东安丘董家庄 石

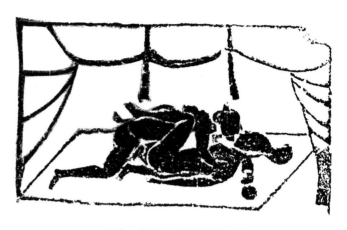
交合 东汉 四川德阳 砖

交合 东汉 陕西绥德 石

交合 东汉 四川新都 砖

交合 东汉 肖形印

交合 东汉 四川新都 砖

舞乐百业

亲昵　东汉　山东济宁　石

亲昵　东汉　山东平阴孟庄　石

亲昵　东汉　山东邹城黄路屯　石

亲昵　东汉　陕西绥德　石

士 燕居 房中

亲昵　东汉　四川德阳柏隆　砖

亲昵　东汉　四川彭州　砖

亲昵　东汉　河南南阳　石

士

燕居

房中

拥吻　东汉　山东莒县　石

拥吻　东汉　四川乐山　石

执手　东汉　江苏新沂　石

执手　东汉　江苏徐州茅村　石

舞乐百业

执手　东汉　江苏徐州铜山　石

执手　东汉　四川都江堰　石

士　燕居　房中

执手　东汉　四川南溪　石

执手相拥　东汉　山东邹城　石

执手相拥　东汉　四川长宁　石

执手相拥　东汉　四川荥经　石

331

饮宴　东汉　安徽灵璧九顶　石

饮宴　东汉　江苏徐州茅村　石

饮宴　东汉　山东　石

饮宴　东汉　山东　石

饮宴　东汉　山东嘉祥武氏祠　石

饮宴　东汉　山东嘉祥武氏祠　石

饮宴　东汉　四川成都　石

饮宴　东汉　四川大邑　砖

饮宴　东汉　四川大邑　砖

饮宴　东汉　四川彭州　砖

饮宴　东汉　四川彭州　砖

饮宴　东汉　四川新都　砖

士

燕居

饮宴

饮宴　东汉　四川郫县　石

饮宴　东汉　四川邛崃　砖

饮宴　东汉　四川什邡马堆子　砖

对饮　东汉　江苏睢宁　石

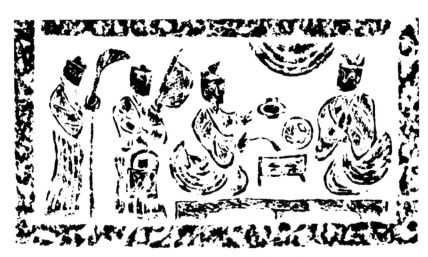

对饮　东汉　江苏徐州白集　石

对饮　东汉　江苏徐州白集　石

饮宴　东汉　四川泸州　石

对饮　东汉　河南南阳　石

对饮　东汉　江苏徐州　石

奉酒食　东汉　山东苍山城前　石

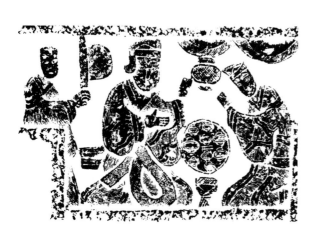

奉酒食　东汉　山东沂水韩家曲　石

君奉食　东汉　四川新都马家　砖

宴饮观舞乐　东汉　山东　石

舞乐奉食　东汉　江苏徐州铜山　石

宴饮观舞乐　东汉　河南南阳麒麟岗　石

宴饮观舞乐　东汉　山东苍山城前　石

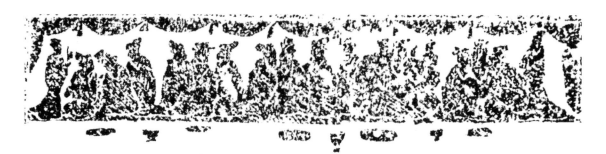

宴饮观舞乐　东汉　四川郫县　石

宴饮观舞乐　东汉　四川成都羊子山　石

宴饮　东汉　四川乐山萧坝　石

宴饮观舞乐　东汉　四川郫县　石

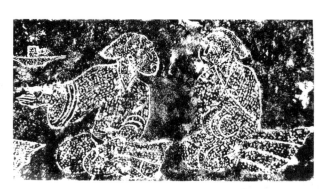

宴饮观舞乐　新莽至东汉　山东曲阜东安汉里　石

饮宴观乐　东汉　江苏徐州凤凰山　石

醉酒　东汉　河南南阳麒麟岗　石

醉酒　东汉　河南南阳麒麟岗　石

醉酒　东汉　四川德阳黄许　砖

墓圹　西汉　山东微山　石

辒辌车出殡　西汉　山东微山　石

辒辌车出殡　西汉　山东微山　石

墓圹　西汉　山东微山　石

牛车出殡　东汉　安徽灵璧九顶　石

牛车出殡（反相）　东汉　安徽灵璧九顶　石

助葬队伍　西汉　山东微山　石

母子　西汉　山东微山　石

母子　东汉　安徽灵璧九顶　石

士

其他

送终

母子（反相）　东汉　安徽灵璧九顶　石

执幡者　西汉　山东微山　石

执幡者　东汉　安徽灵璧九顶　石

执幡者（反相）　东汉　安徽灵璧九顶　石

养老　东汉　四川彭州太平　砖

养老　东汉　四川新都新民　砖

养老　东汉　四川新都　砖

养老　东汉　四川广汉新平　砖

揖射　东汉　四川彭州　砖

播种刈草 东汉 四川德阳 砖

管理 东汉 陕西绥德 石

薅秧 东汉 四川新都 砖

牛耕 东汉 陕西绥德 石

农
耕耘

牛耕　西汉　山东鱼台　石

牛耕　东汉　山东邹城　石

牛耕　东汉　四川德阳　砖

牛耕　东汉　陕西绥德　石

牛耕　东汉　陕西绥德　石

牛耕　东汉　陕西绥德　石

牛耕　东汉　陕西绥德　石

牛马耕　东汉　山东滕州黄家岭　石

牛马耕　东汉　山东滕州　石

牛马耕　东汉　江苏徐州睢宁　石

牵牛　东汉　河南南阳　石

驱雀　东汉　四川彭州义和　砖

拾马粪　东汉　山东滕州龙阳店　石

拾马粪　东汉　陕西米脂　石

耘地　东汉　山东滕州黄家岭　石

耘地（局部）　东汉　山东滕州　石

耘地　东汉　河南南阳　石

耨地　东汉　河南南阳　石

耨地　东汉　四川新都　砖

耨地　东汉　四川成都　石

耨地　东汉　四川广汉北外　砖

运肥车 东汉 河南南阳 石

摘穗刈草 东汉 四川成都羊子山 砖

摘穗刈草 东汉 四川什邡南泉 砖

榜题 皆食此太仓 太仓 东汉 四川邛崃 砖

舂碓去糠 东汉 四川新都 砖

舂碓去糠（局部） 东汉 四川新都 砖

舂碓去糠（局部） 东汉 四川新都 砖

春碓入仓 东汉　四川邛崃　砖

纳粮 东汉　四川大邑安仁　砖

纳粮 东汉　四川广汉东南　砖

簸糠 东汉　山东莒县　石

扬糠 东汉　河南　砖

高挑 东汉　四川成都　砖

纺织　东汉　安徽灵璧　石

纺织（反相）　东汉　安徽灵璧　石

纺织　东汉建宁四年（171）　安徽宿县褚兰墓山孜　石

纺织　东汉建宁四年（171）　安徽宿县褚兰墓山孜　石

纺织　东汉　江苏新沂炮乡　石

纺织　东汉　江苏徐州　石

纺织　东汉　江苏徐州贾汪　石

纺织　东汉　江苏徐州铜山　石

纺织　东汉　江苏徐州铜山张集　石

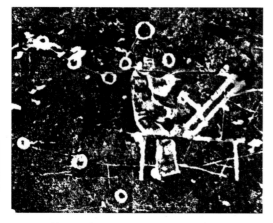
纺织　东汉　山东长清孝堂山　石

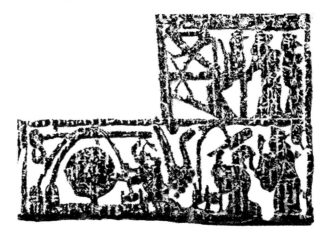
纺织　东汉　山东滕州　石

纺织　东汉　山东滕州　石

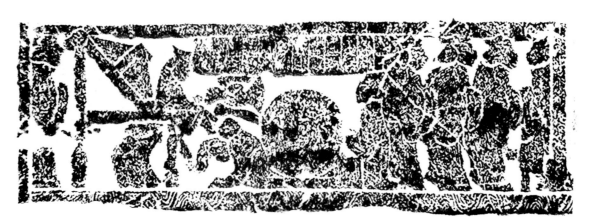
纺织　东汉　山东滕州　石

纺织　东汉　山东滕州龙阳店　石

纺织　东汉　山东滕州龙阳店　石

纺织　东汉　山东滕州西户口　石

捕鱼场景（执罩） 东汉 山东滕州黄家岭 石

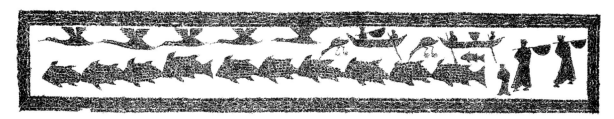

捕鱼场景 东汉 安徽 石

捕鱼场景 东汉 安徽宿州 石

捕鱼场景 东汉 河南南阳 石

捕鱼场景 东汉 四川新都 砖

捕鱼 东汉 江苏徐州 石

捕鱼 东汉 山东安丘 石

捕鱼 东汉 山东苍山城前 石

捕鱼 东汉 山东苍山城前 石

捕鱼 东汉 山东嘉祥 石

捕鱼 东汉 山东 石

捕鱼 东汉 山东微山 石

捕鱼 东汉 山东微山 石

捕鱼 东汉 山东微山 石

捕鱼 东汉 山东沂南 石

捕鱼 东汉 山东沂南 石

捕鱼 东汉 山东沂南 石

捕鱼 东汉 山东邹城 石

捕鱼 东汉 山东邹城 石

捕鱼 东汉 山东邹城 石

捕鱼 东汉建宁四年（171） 安徽宿县褚兰墓山孜 石

捕鱼 东汉 安徽宿县褚兰宝光寺 石

捕鱼小船 东汉 安徽 石

捕鱼小船 东汉 河南新野 砖

捕鱼小船 东汉 江苏睢宁九女墩 石

捕鱼小船 东汉 江苏徐州 石

捕鱼小船 东汉 山东沂南 石

捕鱼小船 东汉 山东滕州 石

捕鱼竹筏 东汉 四川新都 砖

钓鱼　东汉　山东滕州　石

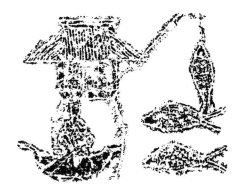
钓鱼　东汉　山东滕州　石

农
捕捞

钓鱼　东汉　山东微山　石

垂钓　东汉　山东滕州　石

钓鱼　东汉　四川乐山　石

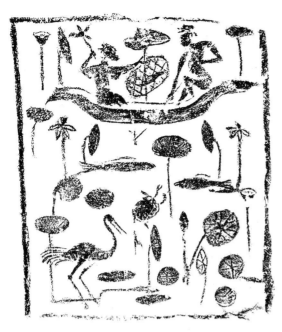
采莲捕鱼 东汉 四川什邡南泉 砖

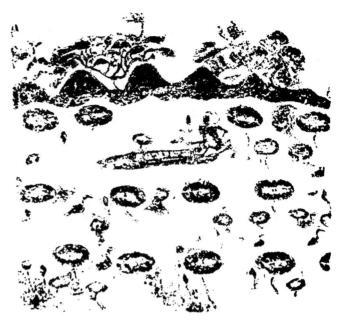
采莲 东汉 四川德阳 砖

采莲 东汉 四川新都马家 砖

采桑 东汉 四川成都 砖

采桑 东汉 四川新都 砖

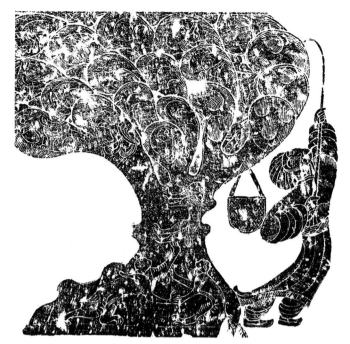

采摘 东汉 山东临沂 石

采捞 东汉 四川彭州 砖

采捞 东汉 四川彭州 砖

采捞　东汉　四川郫县　石

拾螺　东汉　四川彭州太平　砖

养鸭　东汉　四川成都　砖

牧鹅　东汉　四川大邑　砖

牧牛牧羊　东汉　陕西绥德白家山　石

牧猪　东汉　四川大邑　砖

制车　东汉　山东嘉祥　石

制车　东汉　山东嘉祥　石

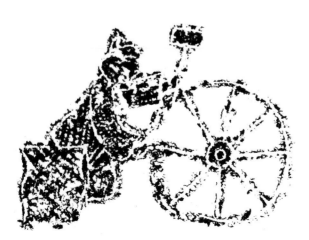

制车　西汉　山东邹城　石

制车　西汉　山东邹城　石

锻炼　东汉　山东滕州　石

工 锻炼

锻炼　东汉　山东滕州　石

采盐 东汉 四川成都羊子山 砖

采盐 东汉 四川邛崃花牌坊 砖

采盐 东汉 四川郫县 砖

开采盐卤 东汉 四川成都羊子山 砖

开采盐卤 东汉 四川邛崃花牌坊 砖

引卤熬盐　东汉　四川邛崃花牌坊　砖

引卤熬盐　东汉　四川成都羊子山　砖

酿造　东汉　四川成都曾家包　石

酿造　东汉　山东嘉祥　石

酿造　东汉　山东嘉祥　石

庖厨　东汉　安徽宿州褚兰　石

庖厨　东汉　安徽宿州褚兰　石

庖厨　东汉　安徽宿州　石

庖厨　东汉　江苏徐州贾汪白集　石

庖厨　东汉　江苏徐州贾汪青山泉　石

庖厨　东汉　江苏徐州　石

庖厨　东汉　江苏徐州睢宁　石

庖厨　东汉　江苏徐州铜山汉王　石

庖厨　东汉　江苏徐州铜山汉王　石

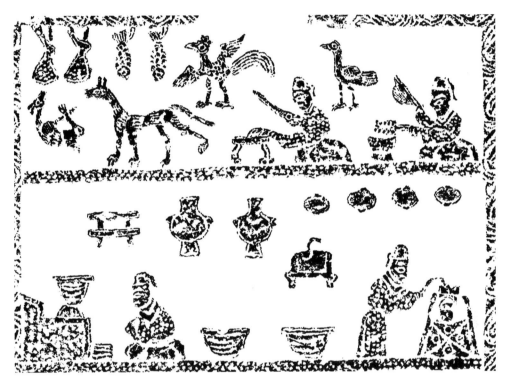

庖厨　东汉　江苏徐州铜山汉王　石

庖厨　东汉　江苏徐州铜山汉王　石

庖厨　东汉　山东济宁城南张　石

庖厨　东汉　山东嘉祥　石

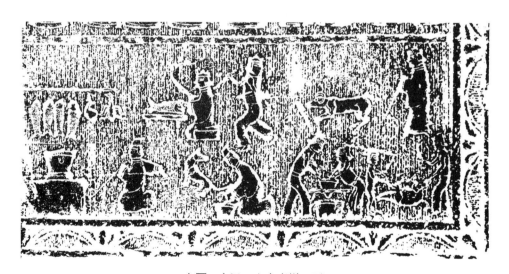
庖厨　东汉　山东嘉祥　石

庖厨　东汉　山东嘉祥南武山　石

庖厨　东汉　山东嘉祥武氏祠　石

庖厨　东汉　山东莒县　石

庖厨　东汉　山东梁山百墓山　石

庖厨　东汉　山东微山　石

庖厨　东汉　山东临沂　石

庖厨　东汉　山东临沂　石

庖厨　东汉　山东平邑　石

庖厨　东汉　山东泰安　石

庖厨　东汉　山东泰安　石

庖厨　东汉　山东滕州　石

庖厨　东汉　山东滕州　石

庖厨　东汉　山东沂南北寨　石

庖厨 东汉 山东诸城 石

庖厨（局部） 东汉 山东诸城 石

庖厨（局部） 东汉 山东诸城 石

庖厨（局部） 东汉 山东诸城 石

庖厨（局部） 东汉 山东诸城 石

庖厨 东汉 山东邹城城关 石

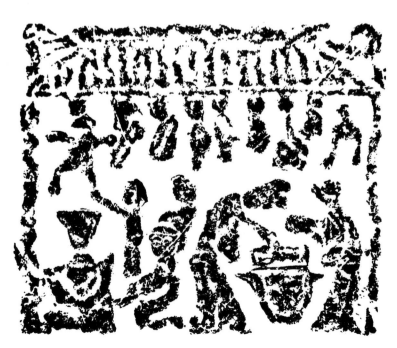

庖厨 东汉 山东邹城 石

庖厨　东汉　山东邹城黄路屯　石

庖厨　东汉　陕西绥德　石

庖厨　东汉　四川成都　石

庖厨　东汉　陕西绥德　石

庖厨　东汉　四川德阳柏隆　砖

庖厨　东汉　四川成都　石

庖厨　东汉　四川彭州　砖

庖厨　东汉　四川彭州义和　砖

庖厨　东汉　四川郫县　石

庖厨　东汉　四川宜宾　石

庖厨　东汉　四川宜宾　石

庖厨　东汉　浙江海宁　石

井　东汉　安徽宿州褚兰　石

井　东汉　安徽宿州　石

井　东汉　江苏徐州贾汪白集　石

井　东汉　江苏徐州贾汪青山泉　石

井　东汉　江苏徐州　石

井　东汉　江苏徐州铜山汉王　石

井　东汉　江苏徐州铜山汉王　石

井　东汉　江苏徐州铜山汉王　石

井　东汉　江苏徐州铜山汉王　石

井　东汉　山东长清孝堂山　石

井　东汉　山东济宁城南张　石

井　东汉　山东嘉祥武氏祠　石

井　东汉　山东嘉祥武氏祠　石

井　东汉　山东嘉祥武氏祠　石

井　东汉　山东嘉祥武氏祠　石

井　东汉　山东嘉祥武氏祠　石

井　东汉　山东嘉祥武氏祠　石

井　东汉　山东梁山　石

井　东汉　山东临沂　石

井　东汉　山东滕州　石

井　东汉　山东平邑　石

井　东汉　山东泰安　石

井　东汉　山东汶上　石

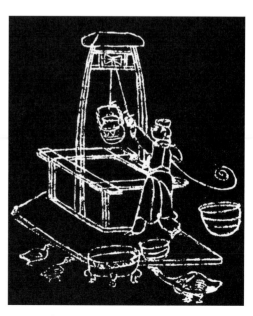

井　东汉　山东诸城前凉台　石

井　东汉　陕西绥德　石

灶台　东汉　安徽宿县褚兰　石

灶台　东汉　安徽宿县褚兰　石

灶台　东汉　安徽宿州　石

灶台　东汉　河南南阳　石

灶台　东汉　江苏睢宁　石

灶台　东汉　江苏睢宁　石

灶台　东汉　江苏徐州　石

灶台　东汉　江苏徐州　石

灶台　东汉　江苏徐州贾汪白集　石

灶台　东汉　江苏徐州贾汪青山泉　石

灶台　东汉　江苏徐州茅村　石

灶台　东汉　江苏徐州铜山汉王　石

灶台　东汉　江苏徐州铜山汉王　石

灶台　东汉　江苏徐州铜山汉王　石

灶台　东汉　江苏徐州铜山汉王　石

灶台　东汉　山东长清孝堂山　石

灶台　东汉　山东长清孝堂山　石

灶台　东汉　山东嘉祥武氏祠　石

灶台　东汉　山东嘉祥武氏祠　石

灶台　东汉　山东嘉祥武氏祠　石

灶台　东汉　山东嘉祥武氏祠　石

灶台　东汉　山东嘉祥武氏祠　石

灶台　东汉　山东嘉祥武氏祠　石

灶台　东汉　山东嘉祥武氏祠　石

灶台　东汉　山东嘉祥武氏祠　石

灶台　东汉　山东梁山　石

灶台　东汉　山东临沂　石

灶台　东汉　山东泰安　石

灶台　东汉　山东滕州　石

灶台　东汉　山东微山两城　石

灶台　东汉　山东汶上　石

灶台　东汉　山东诸城前凉台　石

灶台　东汉　山东邹城　石

灶台　东汉　山东邹城　石

灶台　东汉　山东邹城　石

工 庖厨

灶台　东汉　四川成都　石

灶台　东汉　四川德阳柏隆　砖

灶台　东汉　四川彭州　砖

灶台　东汉　四川郫县　石

刀俎加工　东汉　河南南阳　石

舞乐百业

刀俎加工　东汉　江苏徐州　石

刀俎加工　东汉　江苏徐州铜山汉王　石

刀俎加工　东汉
江苏徐州铜山汉王　石

刀俎加工　东汉
江苏徐州铜山汉王　石

刀俎加工　东汉
山东邹城　石

工
庖厨

刀俎加工　东汉　山东嘉祥　石

刀俎加工　东汉　山东　石

刀俎加工 东汉 山东泰安 石

刀俎加工 东汉 山东微山两城 石

刀俎加工 东汉 山东沂南北寨 石

刀俎加工 东汉 山东诸城前凉台 石

舞乐百业

工
庖厨

刀俎加工　东汉　四川成都　石

刀俎加工　东汉　四川德阳柏隆　砖

刀俎加工　东汉　四川彭州　砖

刀俎加工　东汉　四川彭州　砖

刀俎加工　东汉　四川宜宾　石

淘洗　东汉　安徽宿州　石

淘洗　东汉　安徽宿州　石

淘洗　东汉　江苏徐州铜山汉王　石

淘洗　东汉　山东嘉祥　石

淘洗　东汉　山东长清孝堂山　石

淘洗　东汉　山东嘉祥　石

淘洗　东汉　山东嘉祥　石

淘洗　东汉　山东嘉祥　石

淘洗　东汉　山东嘉祥武氏祠　石

淘洗　东汉　山东嘉祥武氏祠　石

淘洗　东汉　山东　石　　　　淘洗　东汉　山东微山　石　　　淘洗　东汉　山东微山　石

淘洗　东汉　山东汶上　石

淘洗　东汉　山东邹城　石　　　　　屠宰　东汉　河南南阳　石

屠宰　东汉　河南唐河　石

屠宰　东汉　河南郑州　砖

屠宰　东汉　河南郑州　砖

屠宰　东汉　山东长清孝堂山　石

屠宰　东汉　山东长清孝堂山　石

屠宰　东汉　山东济宁城南张　石

屠宰　东汉　山东济宁城南张　石

屠宰　东汉　山东济宁城南张　石

屠宰　东汉　山东莒县　石

屠宰　东汉　山东嘉祥　石

屠宰　东汉　山东嘉祥　石

屠宰　东汉　山东临沂　石

屠宰　东汉　山东滕州　石

屠宰　东汉　山东邹城　石

屠宰　东汉　山东滕州　石

屠宰　东汉　山东滕州孙楼　石

屠宰　东汉　山东滕州庄里　石

屠宰　东汉　山东诸城前凉台　石

屠宰　东汉　山东诸城前凉台　石

屠宰　东汉　陕西绥德　石

屠宰　东汉　山东诸城前凉台　石

屠宰　东汉　山东诸城前凉台　石

屠宰 东汉 陕西绥德 石

屠宰 东汉 陕西绥德 石

屠宰 东汉 山东微山 石

烤肉串 东汉 安徽宿州 石

烤肉串 东汉 安徽宿州 石

烤肉串 东汉 江苏邳州庞口 石

烤肉串 东汉 江苏徐州贾汪白集 石

烤肉串 东汉 江苏徐州 石

烤肉串 东汉 江苏徐州铜山汉王 石

烤肉串 东汉 江苏徐州铜山汉王 石

烤肉串 东汉 山东泰安 石

烤肉串　东汉　山东诸城前凉台　石

烤肉串　东汉　陕西绥德　石

备食材　东汉　江苏睢宁　石

备食材　东汉　江苏徐州铜山黄山　石

备食材　东汉　江苏徐州铜山汉王　石

备食材　东汉　山东临沂吴白庄　石

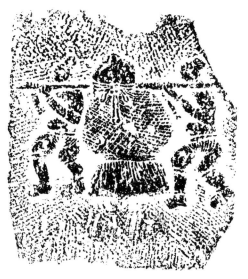
备食材　东汉　山东牟平　石

备食材　东汉　山东邹城　石

备食材　东汉　山东滕州　石

备食材　东汉　山东沂南北寨　石

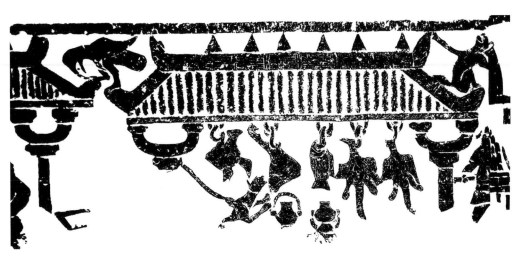
食材　东汉　河南临沂　石

春碓 东汉 江苏徐州铜山汉王 石

备食材 东汉 河南南阳 石

劈柴 东汉 山东长清孝堂山 石

食材 东汉 山东长清孝堂山 石

劈柴 东汉 山东诸城前凉台 石

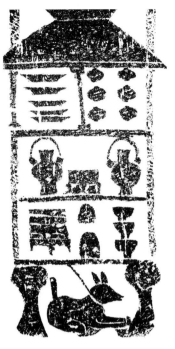

食材　东汉　河南南阳　石

食材　东汉　河南南阳　石

取肉食　东汉　河南邓州　砖

食材　东汉　江苏徐州铜山汉王　石

阉牛 东汉 河南南阳 石

驯象 东汉 山东微山 石

驯象 东汉 安徽萧县 石

驯象 东汉 山东长清孝堂山祠堂 石

驯象 东汉 山东邹城 石

驯象 东汉 江苏徐州汉画馆 石

驯象 东汉 江苏徐州茅村 石

驯象 东汉 山东费县刘家疃 石

驯象 东汉 山东平阴孟庄 石

商市场

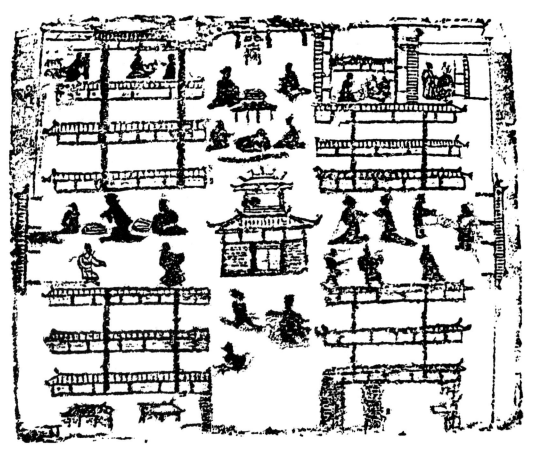

榜题 北市门 东汉 四川新都 砖

榜题 北市门 东汉 四川成都 砖

榜题　北市门　东汉　四川成都　砖

榜题　市楼　东市门　东汉　四川广汉　砖

榜题　北市门　南市门　东汉　四川成都　砖

商

市场

榜题 南市门 东汉 四川成都 砖

市楼 东汉 四川成都 砖

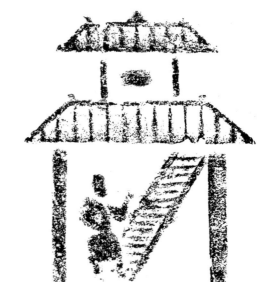

市楼 东汉 四川广汉新平 砖

榜题 东市门 东汉 四川成都 砖

市楼 东汉 四川广汉 砖

市楼　东汉　四川德阳黄许　砖

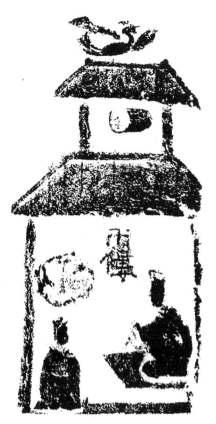

榜题　市楼　东汉　四川广汉　砖

商市场

市场场景　东汉　四川德阳柏隆　砖

商 市场

市场场景　东汉　四川德阳黄许　砖

市场场景　东汉　四川广汉新平　砖

市场场景　东汉　四川　砖

市场场景　东汉　四川广汉　砖

商市场

市场场景　东汉　四川邛崃　砖

商 市场

酒垆　东汉　四川新都　砖

酒垆　东汉　四川新都　砖

羊樽酒垆　东汉　四川成都　砖

酒垆　东汉　四川邛崃　砖

禽肉摊位　东汉　四川邛崃　砖

鱼摊　东汉　四川邛崃　砖

室内交易　东汉　四川成都　砖

商 交易

室内交易　东汉　四川成都　砖

室内交易　东汉　四川成都　砖

室内交易　东汉　四川德阳柏隆　砖

室内交易　东汉　四川德阳柏隆　砖

室内交易　东汉　四川德阳柏隆　砖

室外交易（胡商） 东汉 四川新津 石

室外交易 东汉 河南新野 砖

室外交易 东汉 四川成都 砖

室外交易 东汉 四川成都 砖

室外交易 东汉 四川成都 砖

室外交易 东汉 四川成都 砖

室外交易 东汉 四川成都 砖

室外交易 东汉 四川成都 砖

室外交易 东汉 四川成都 砖

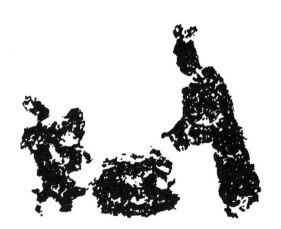
室外交易 东汉 四川成都 砖

室外交易 东汉 四川成都 砖

室外交易 东汉 四川德阳柏隆 砖

室外交易 东汉 四川德阳柏隆 砖

室外交易 东汉 四川德阳柏隆 砖

室外交易 东汉 四川德阳黄许 砖

室外交易 东汉 四川德阳黄许 砖

室外交易 东汉 四川德阳黄许 砖

室外交易 东汉 四川新津 石

商
交易

招徕 东汉 四川成都 砖

招徕 东汉 四川德阳黄许 砖

送货 东汉 四川邛崃 砖

送酒 东汉 山东微山 石

舞乐百业

独轮车羊樽运酒人　东汉　四川成都　砖

独轮车运货人　东汉　四川成都　砖

商
交易

独轮车运货人　东汉　四川广汉　砖

独轮车运货人　东汉　四川新都　砖

山中驮运井盐者　东汉　四川成都羊子山　砖

山中驮运井盐者　东汉　四川郫县　砖

中国汉画大图典

商 流转

送货人　东汉　四川邛崃　砖

挑货人　东汉　四川新都　砖

挑酒人　东汉　四川成都　砖

挑酒人　东汉　四川彭州　砖

挑担者　东汉　四川荥经　石

挑担者　东汉　重庆璧山　石

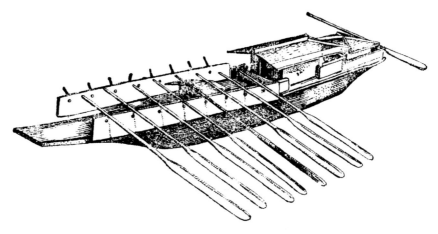

线描明器　船（露桡）　西汉　湖南长沙伍家岭　木

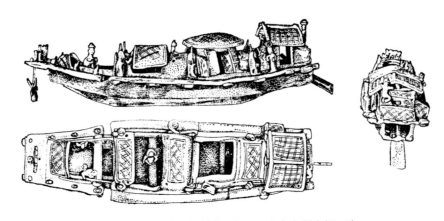

线描明器　船（设舵楼）　东汉　广东广州东郊　陶

线描明器　船（有庑殿顶建筑）　东汉　广东德庆　陶

线描明器　小船　东汉　广东广州红花岗　陶

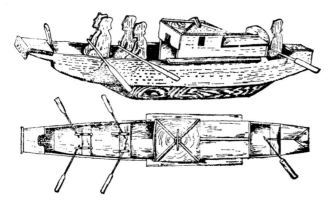

线描明器　船　东汉　广东广州皇帝岗　木

小船　东汉　安徽　石

商流转

小船　东汉　山东苍山　石

小船　东汉　山东苍山　石

小船　东汉　山东　石

小船　东汉　山东滕州　石

小船　东汉　山东微山　石

小船　东汉　山东邹城　石

小船　东汉　山东沂南　石

小舟　东汉　河南新野　砖

小舟　东汉　山东微山　石

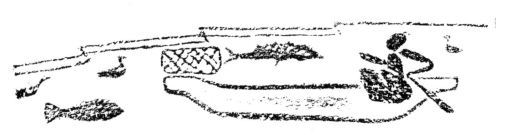
小舟　东汉　四川新都　砖

小舟三艘　东汉　山东滕州　石

小舟　东汉　山东嘉祥武氏祠　石

竹筏　东汉　四川彭州　砖